20 世纪中国图书馆学文库·22

中国图书分类
之沿革

蒋元卿 编

国家圖書館出版社

本书初版于 1937 年 5 月，据中华书局 1941
年 3 月 3 版排印

自　序

　　为学之道,宜得门径,泛滥无归,终身无得;得门而入,事半功倍。辀轩语语学目录学者,学中第一紧要,读书之唯一门径也。盖目录学之最高目的,在于"萃千百年著作之林,门分类别,以之网罗六艺,史与夫诸子百家,骚选,诗赋,别集,总编之纷赜。后人因是而得审夫存佚,辨夫真赝,核夫源流异同,以为涂径之问。"八史经籍志序故清儒金榜曰:"不通《汉艺文志》,不可以读天下书。《艺文志》者,学术之眉目,著述之门户也。"十七史商榷引

　　夫目录既以记载书籍为目的,故其唯一对象,厥为书本。既以书本为对象,则必有类例之商榷,流别之剖析焉,使后人即类以求其书,即书以求其学。是目录固未尝以学为对象,但舍学而徒言目录者,则凌乱失纪,杂而寡要之弊,要亦未能尽免也。是故治目录者,不能不明其条贯,别其系统,庶几类居部次,隐有依据,使后人之览其目录者,不至淆淄莫辨,且可藉此以周知一代学术之概略,与夫一家一书之旨趣。故类居部次之法,实可为目录学之灵魂也。

　　郑渔仲尝曰:"学术之苟且,由源流之不分;书籍之散亡,由编次之无纪。"盖"学术不专者,为书之不明也;书之不明者,为类例之不分也。有专门之书,则有专门之学,有专门之学,则有世守之能。人守其学,学守其书,书守其类,人有存没,而学不息,世有变故,而书不亡。以今之书,校古之书,百无一存,其故何哉?士卒之亡者,由部伍之法不明也;书籍之亡者,由类例之法不明也。类例

分，则百家九流，各有条理，虽亡而不能亡也。"故"类例既分，学术自明，以其先后本末具在也。观图谱者，可以知图谱之所始；观名数者，可以知名数之相承。谶纬之学，盛于东都；音韵之书，传于江左；传注起于汉魏，义疏成于隋唐，睹其书，可以知其学之源。"夫"类书犹持军也，若有条理，虽多而治，若无条理，虽寡而纷；类例不患其多，患其多之无术耳。"缘"古人编书，必究本末，上有源流，下有沿袭，故学者亦易学，求者亦易求。"此可知"书之易亡，由校雠之人失其职故也。盖编次之时，失其名帙，名帙既失，书安得不亡也。"校雠略

类例之要，既如上述，故本书论列，大都偏重于历代分类之沿革，上迄秦汉，下迨近今，无不剖析其渊源，详究其得失，而殿之以今后分类法之趋势。虽非目录学之全，然凡属类例之事，略已灿然备具，"俾览者如入群玉之府，而阅木天之藏，亦可以粗窥端倪，盖亦殚见洽闻之一也。"通考经籍考序至若攻讨融变，使吾国之图书分类，因折衷诸说而渐臻备，则所望于海内之学者。是则著者刊布是书之微旨也。

蒋元卿

二四，十一，三日安徽省立圖

目　次

第一章　分类的起源

一　分类的定义与由来

分类是甚么

分类是甚么？简单的答覆,就是观察力的应用而已。换句话说,就是推理的运用,使我们将各种事物的领域确定,然后就其中分别同异,使相同的性质归在一处,相异的性质,把它们分列。亦即墨子所说"彼,彼止于彼;此,此止于此",荀子所说"同其所同,异其所异",以及《说文解字》所说"方以类聚,物以群分,同牵条属,共理相贯,杂而不越,据形系联,引而申之,以究万物"的意义。

上面所说,并非仅做到性同相处,性异分列的地步便可停止,更须将同类中的组织份子,按类似的等级顺序排列起来,成为一个系统的集团。薛尔 W. C. B. Sayers 曾经举过一个适当的例子说:

> 把你口袋里的钱拿出来,设若要知道你是怎样的富足,先必得把钱分类。第一步把钞票、金圆、银圆、铜圆分做一堆一堆的,即是大分类。第二步再把票子分做一磅的与十先令的;把金圆分做一磅与半磅的;把银圆分做五先令的,二个半先令的,二先令的,六辨士的,三辨士与一辨士的。只须你顺着钱的价值排列,你的钱怎样多,分类就是怎样完全。

1

根据这个例子,我们可以明了前面所说的意义了。同时也可以得到一个分类法所赖以为根据的原则。就是你的钱是用两个方法——也可以说是两个原则排列的。第一步的分类,是以钱的质料——纸票、金、银、铜分的。第二步在大类下的小类里,则又照钱的价值分。如果你先后都用一个原则——价值的原则分时,则一磅的钞票将与一磅的金圆同列,半磅的金圆当与十先令的钞票同列,以二者之价值相等也。故分类不仅是概略的分别部居,每部之中又须有一合理的类次,及适当的原则。所以约翰穆勒说:"分类者,乃一种方法,使事物之观念,以最善之次序,排列于吾人心中者也。"^(注一)

最后让我再抄耶斯梯 Jast 的分类定义,以作本节的结束。他说:

> 一组事物分类的定义,就是实在的或理想的去归集相同的与分别相异的;其主要目的,在于便辨识与记忆讨论中事物的特质,及把它们记载出来,以便随时随地参照;其次,在表示性质与情状的关系,或联合的定律。

分类的由来

前面已经说过,分类是一种观察力的应用,故可以说是生物心灵上最普通之作用。换言之,亦即生物应有之一种自然天性。如猫虽在初生,亦能辨出鼠的声音,此可知动物之取食,实具有最巧妙之观察能力。进而言之,即下等之原生生物,亦有辨别食物而摄取之性,以及寄生生物之发见相当寄主等,凡此皆足以为证。

人类既属于万物之灵,故对于观察之能力,较其他生物尤强。吾国向以"不辨菽麦"与"五谷不分"为愚人,其实人虽至愚,必不至指耳为目,指目为耳,或竟混耳目为一谈也。——神经失常的当然例外——如草昧初开时之野蛮人,并未受过所谓分类的训练,但其观察力之最低限度,亦可有分类两种东西的能力,可吃与不可吃。更可以进一步区别岩石和植物,及分别植物为树和草。换句话说,无论怎样野蛮的人,都能把类似或同样的东西,与其相异者分离而统括放在一处的能力,此可以说是毫无疑义的事实。例如原始人类当聚族而居之时,每一氏族,必共一图腾,绘各种形象,标之于众,以相识别。其图腾所绘之标识,大都采用一种动物,如鸟兽昆虫之类;或无生物之名称,如山川水火日月星辰之类等。即以最著名之易洛魁人而论,其部落共有八个氏族,皆取动物以为名,其图腾之标识有熊、狼、海狸、海龟、鹿、鹬、鹭、鹰等目,是其明证。(注二)据此,可知分类一事,在图腾时代即已十分精密了。

分类一事,既为人类自然之天然,故此种天性的形成,在最初只是发生于一种需要,一种不知不觉。如原始人类所以能辨何者可吃与何者不可吃,以及图腾时代之以形象为识别,都是明证。现在更引布朗氏 J. D. Brown 的例子,作更显明的解释。他说:

> 灵敏的水果小贩,决不至把车子上面的水果都紊杂的混合起来,统统标上一个“杂色果品”的筏子。他要把各种水果过细的分做几格。不但如此,我们更可发见他是把最好的及最熟的排在上面,以招揽顾客,次色的果子藏在底下为好的所遮盖。

我们要知道,水果小贩并不是熟于分类的——也可以说他完全不懂分类——但他可以很自然的把各种果品依照某种标准分做几格,更可以把每格中的好与坏细细的分别出来,此即彼之与生俱来的分类机能使然也。而其所以如此分类者,完全是由于招揽顾客的需要,故不知不觉的便如此分类了。——虽然这种分类未必有利于顾客。

由上面所述诸点,我们可以得到一个结论,就是:

> 人类自有了组织与分析的观念后,分类的意义就同时发生了。其后渐趋于复杂,终至施之于宇宙间的万象万物,图书分类,特其中之一种耳。

（注一）参考王国维译隋文著《辨学》第三十一章。

（注二）参考丁兴潢著《文字学上中国古代社会勾沉》章四，见《学风》三卷六期。

二　学术分类之起源

上古结绳记事，事大大其绳，事小小其绳，结之多少，随物众寡；各执以相考，亦足以相治也。仓颉以还，书契始造，^{（注一）}文籍由是而生，然其始本为官府治事，民间信约之用，^{（注二）}初未施之于著述也。且当时所谓教育者，仅有"礼乐"二种，《文王世子》说：

> 凡三王教世子必以礼乐。乐所以修内也，礼所以教外也，礼乐交错于中，发形于外，是故其成也，怿恭敬而温文。

此可见春秋以前的教育，除礼乐之外，便别无所有了。

礼乐在当时虽然十分重要，但二者都是重在实行，并无所谓礼乐之书。至于现在所存的三礼，据考《仪礼》是战国时代胡乱钞成的伪书，《周礼》是刘歆伪造的，两《戴礼记》十分之九是汉儒造的。而乐书又是后来古文家造出"魏文侯底乐人窦公献书于汉文帝，乃《周官》大宗伯之大司乐章"之说，并非真正的乐经。^{（注三）}图书在当时既然十分稀少，故施之于教育者，大都皆以口传，不事披览，^{（注四）}故惟有讲学之分类，而无图书之分类。至其所讲之学术，要而论之，可有下列三端：

一、礼：冠　昏　丧　祭　乡　相见

二、乐：诗　歌　舞　乐

三、五伦：君臣　父子　夫妇　昆弟　朋友

中国学术至周初而一变，盖自周公封建天下，中央集权之势益行，菁华渐集于京师。周公兼三王，作《官礼》，文王《系易》，而《诗》《书》亦烂然大完，古代学术思想之精神条理，于是乎粗备，故

4

分类亦渐详备。据《周礼地官》所说，有：

一、六德　知　仁　圣　义　忠　和
二、六行　孝　友　睦　姻　任　恤
三、六艺

　　A.五礼　吉　凶　军　嘉　宾
　　B.六乐　云门　咸池　大韶　大夏　大濩　大武
　　C.五射　白矢　参连　剡注　襄尺　井仪
　　D.五御　鸣和鸾　逐水曲　过军表　舞交衢　逐禽左
　　E.六书　象形　会意　转注　处事　假借　谐声
　　F.九数　方田　粟米　差分　少广　商功　均输　方程
　　赢不足　勾股

周代学术，虽号粗备，然只能保持其旧，使勿失坠，实无所谓新理想也。盖当时之教育，是专为执政者而设，其目的则为教育一般贵族子弟，使知如何执政而已。"师氏掌以娡诏王……掌国中失之事，以教国子弟。凡国之贵游子弟学焉。"周礼可为此时学术仍为贵族所专有，而不能普及于民间的明证。加以文字未备，典籍难传，交通未开，流布尤窒，故一切学术，非尽人可以自由研究之者，此春秋以前中国学术不甚发达之最大原因。

周德既衰，诸侯不统于王，大都各自为政。天子既有名无实，天下不能统一，则列国互起争雄，武之一方面，国与国之间，竞勇斗力。文之一方面，个人与个人，竞辩斗智。智辩既为此一时代之利器，乃不得不许言论自由与思想解放。加以交通既便而知见乃新，腐败既深而衅漏乃见，五帝三皇之陈迹，渐不足以约束当时之社会。古之学在官守，此后则变而在私门；古之学主致用，此后则变为明圣；古之学在尊旧闻，此后则变而为贵自发舒。故春秋战国者，中国学术之源泉也，最隆盛之黄金时代也。孔北老南，对垒互峙；九流十家，继轨并作。如春雷一声，万绿齐苗于广野；如火山乍裂，热石竞飞于天外。壮哉盛哉，非特中华学术界之大观，抑亦世

界学术史之伟迹也。至其所以致此之原因,梁任公尝举七事,兹列其大纲于下:

一、由于蕴蓄之宏富;

二、由于社会之变迁;

三、由于言论思想之自由;

四、由于交通之频繁;

五、由于人才之见重;

六、由于文字之趋简;

七、由于讲学之风盛。

先秦之学术,既称极盛,则其流派千条万绪,未易论定。因此以时势上之要求,而有学术之分类。今请略述诸家之说于后。

庄子的分类

庄子名周,蒙人。尝为漆园吏。与梁惠王齐宣王同时,于学无所不窥,著书十余万言,号《庄子》。《汉志》著录列于道家,与老子并称为道家之祖。其时六籍未经秦火,图书具在,而诸子百家,各以其说舛驳而淆乱之。马端临说庄氏鉴于"内圣外王之道,暗而不明,郁而不发。天下之人,各为其所欲焉以自为方……道术将为天下裂",因著《天下篇》,详论诸子道术,盖深恐后世学者昧古人之大体,因而害道也。兹摘录其说于后。

古之人其备乎!配神明,醇天地,育万物,和天下,泽及百姓,明于本教,系于末度,六通四辟,小大精粗,其运无乎不在。其明在数度者,旧法世传之史,尚多有之。其在《诗》《书》《礼》《乐》者,邹鲁之士,缙绅先生,多能明之。

不侈于后世,不靡于万物,不晖于数度,以绳墨自矫而备世之急,古之道术有在于是者,墨翟禽滑厘闻其风而悦之。

不累于俗,不饰于物,不苟于人,不忮于众,愿天下之安宁,以活民命,人我之养,毕足而止,以此白心;古之道术有在

6

于是者,宋钘尹文闻其风而悦之。

公而不党,易而无私,决然无主,趣物而不两,不顾于虑,不谋于知,于物无择,与之俱往;古之道术有在于是者,彭蒙田骈慎到闻其风而悦之。

以本为精,以物为粗,以有积为不足,澹然独于神明居;古之道术有在于是者,关尹老聃闻其风而悦之。

芴漠无形,变化无常,死与死与?天地并与?神明往与?芒乎何之?忽乎何适?万物毕罗,莫足以归;古之道术有在于是者,庄周闻其风而悦之。

惠施多方,其书五车,其道舛驳,其言也不中,历物之意。桓团公孙龙,辩者之徒,饰人之心,易人之意,能胜人之口,不能服人之心,辩者之囿也。惠施日以其知,与人之辩,特与天下之辩者为怪,此其柢也。

庄氏所以别出惠施桓团公孙龙者,以为非得于古之道术者也。至其所举墨翟为墨家,彭蒙田骈慎到为法家,惠施桓团公孙龙为名家,关尹老聃庄周为道家。惟宋钘《汉志》著录以为小说家,尹文又为名家,而庄子所以相提并论者,盖宋钘禁攻寝兵,似墨子非攻之论,故荀卿宋墨并论,而尹文言名,亦本于《墨经》也。至所谓"邹鲁之士,缙绅先生"则儒家也。是庄子所陈,有儒、墨、名、法、道、小说六家。虽能絜当时学派之大纲,然仅是推重儒、墨、老三家,而遗漏之处亦复不少也。

荀子的分类

荀子名况,时人相尊而号为卿,汉人或称孙卿。年五十始游学于齐,仕为祭酒。后适楚为兰陵令,卒于此。著书数万卷,号《荀子》。其《非十二子》一篇,亦学术分类之一。其说曰:

纵性情,安恣睢,禽兽行,不足以合文通治;然而其持之有故,其言之成理,足以欺惑愚众,是它嚣魏牟也。

忍性情，綦谿利跂，苟以分异人为高，不足以合大众，明大分；然而其持之有故，其言之成理，足以欺惑愚众，是陈仲史䲡也。

不知壹天下，建国家之权称，上功用，大俭约，而僈差等，曾不足以容辨异，县君臣；然而其持之有故，其言之成理，足以欺惑愚众，是墨翟宋钘也。

尚法而无法，下修而好作，上则取听于上，下则取从于俗，终日言成文典，及纠察之，则倜然无所归宿，不可以经国定分；然而其持之有故，其言之成理，足以欺惑愚众，是慎到田骈也。

不法先王，不事礼义，而好治怪说，玩琦辞，察而不惠，辩而无用，多事而寡功，不可以为治纲纪；然而其持之有故，其言之成理，足以欺惑愚众，是惠施邓析也。

略法先王，而不知其统，犹然而材剧志大，闻见杂博，案往旧说造谓之五行，甚僻远而无类，幽隐而无说，闭约而无解，案饰其辞而祗敬之，曰：此真先君子之言也！子思唱之，孟子和之，世俗之沟犹瞀儒，嚾嚾然不知其所非也，遂受而传之，以为仲尼子游为兹厚于后世，是则子思孟轲之罪也。

荀子所分，它嚣魏牟为道家，墨翟为墨家，宋钘为小说家，慎到田骈为法家，惠施邓析为名家，子思孟轲为儒家，惟陈仲史䲡无书，已不可考。视庄子所陈，虽无稍异，然其所列各家，多为北人，南人中如老子杨朱等，皆缺而不举，很觉可异。且所举者，除墨翟惠施外，其余皆非本派之中心人物。而子思孟子，本与荀子同出一源，乃强辞排斥，与他子等，则其所见，未免太狭了。

淮南王的分类

《淮南王传》："刘安嗣为淮南王。为人好书，招致宾客方术之士数千人，作为《内书》二十一篇，《外书》甚众。又有《中篇》八卷，言神仙黄白之术，亦二十余万言，名《淮南子》。今所传者，凡

二十一篇,其为《内篇》,似无疑义。"《要略训》说:

文王之时,纣为天子,赋敛无度,杀戮无止,文王欲以卑弱制强暴,以为天下去残除贼,而成王业,故太公之谋生焉。

孔子修成康之业,述周公之训,以教七十子,使服其衣冠,修其篇籍,故儒者之学生焉。

墨子学儒者之业,受孔子之术,以为礼烦扰而不说,厚葬靡财而贫民,久服伤生而害事,故背周道而用夏政。禹之时,天下大水,禹身执蔂锸,以为民先,剔河而道九岐,凿江而通九路,辟五湖而定东海,当此之时,烧不暇挶,濡不给扢,死陵者葬陵,死泽者葬泽,故节财薄葬闲服生焉。

齐桓公之时,天子卑弱,诸侯力征,南夷北狄,交伐中国,中国不绝如线;齐国之地,东负海而北障河,地狭田少而民多智巧,桓公忧中国之患,苦夷狄之乱,欲以存亡继绝,崇天子之位,广文武之业,故管子之书生焉。

齐景公内好声色,外好狗马,猎射亡归,好色无辨,作为路寝之台,族铸大钟,撞之庭下,郊雉皆响,一朝用三千钟赣,梁邱据子家哙导于左右,故晏子之谏生焉。

晚世之时,六国诸侯,溪异谷别,水绝山隔,各自治其境内,守其分地,握其权柄,擅其政令,下无方伯,上无天子,力征争权,胜者为右,恃连与,约重致,剖信符,结远援,以守其国家,持其社稷,故纵横修短生焉。

申子者,韩昭厘之佐,韩晋别国也,地墽民险而介于大国之间,晋国之故礼未灭,韩国之新法重生,先君之令未收,后君之令又下,新故相反,前后相缪,百官背乱,不知所用,故刑名之书出焉。

秦国之俗贪狠,强力寡义而趋利,可威以刑,而不可化以善,可劝以赏,而不可厉以名,被险而带河,四塞以为固,地利形便,畜积殷富,孝公欲以虎狼之势而吞并诸侯,故商鞅之法生焉。

若刘氏之书，观天地之象，通古今之事，权事而立制，度形而施宜，原道之心，合三王之风，以储与扈冶，玄妙之中，精摇靡览，弃其畛挈，斟其淑静，以统天下，理万物，应变化，通殊类，非循一迹之路，守一隅之指，拘系牵连之物，而不与世推移也。

刘氏所述，太公为道家，孔子晏子为儒家，墨子为墨家，修短之术为纵横家，管子申子商鞅为法家，己所著之书，自谓摄业广大，博采群言，后世所谓杂家也。视庄荀所论，少名家小说家，而增杂家及纵横家。盖纵横家起于战国之世，而杂家出于秦汉间也。

司马谈的分类

谈夏阳人。秦蜀守司马错八世孙。学天官于唐都，受《易》于杨何，习道论于黄子。建元元封之间，为太史令。愍学者不达其意，而师悖，乃论六家之要旨曰：

《易大传》："天下一致而百虑，同归而殊涂。"夫阴阳、儒、墨、名、法、道德，此务为治者也，直所从言之异路，有省有不省耳。尝窃观阴阳之术，大祥而众忌讳，使人拘而多所畏；然其序四时之大顺，不可失也。

儒家博而寡要，劳而少功，是以其事难尽从；然其序君臣父子之礼，列夫妇长幼之别，不可忽也。

墨者俭而难遵，是以其事不可遍循；然其疆本节用，不可废也。

法家严而少恩；然其正君臣上下之分，不可改也。

名家使人俭而善失真；然其正名实，不可不察也。

道家使人精神专一，动合无形，赡足万物；其为术也，因阴阳之大顺，采儒墨之善，撮名法之要，与时迁移，应物变化，立俗施事，无所不宜，指约而易操，事少而功多。

太史公所论，五燕六雀，轻重适当，且皆分雄于当时学术界，旗鼓相当者，故梁任公谓："分类之精，以此为最。"

综观上举四家之说，庄氏言其源流，荀卿司马则指陈是非，淮南之书，别究其发生之原因，而皆以学术之派别为指归。至四家分类之弊，厥为主观太深，如庄子之学，虽宗老子，然实推崇孔子，故其历述诸子，独尊孔子于大道未裂之前，以为首明天地之纯，古人之体。又谓道术之在诗书礼乐者，邹鲁之士，多能明之，逮夫圣贤不明，道德不一，诸子百家，始各得其一，[注五] 是庄子之分类，纯为推崇儒家也。又如太史公，本宗黄老之术，故于道家略无贬词，虽其所论，较前为胜，然终不免主观太深之弊。

（注一）《说文解字序》：“黄帝之史仓颉，见鸟兽蹄迒之迹，知分理之可相别异也，初造书契。”其实此说与《伪孔序》：“古者伏羲之王天下也，始画八卦，造书契，以代结绳之治，由是文籍生焉”之说，同出于附会之一涂。可参考蒋善国著《中国文字之原始及其构造》第一篇第四节。

（注二）《易系辞传》：“百官以治，万民以察。”《说文》亦云：“百工以乂，万品以察。”《九家易》又曰：“百官以书治职，万民以契明其事。”又据俞樾《诸子平议》曰：“齿者，契之齿也。古者刻竹木以记事，其刻处如齿，故谓之齿。《易林》所谓符左契右，相与合齿是也。《列子说符篇》：“宋人有游于道，得人遗契者，归而藏之，密数其齿，曰吾富可待矣。此正数人之齿以为富者。”此可见书契乃官府治事，民间信约之用。

（注三）参考陈东原著《中国古代教育》第十五章。

（注四）班固《汉书艺文志》：“《诗》遭秦而全，以其讽诵不独在竹帛之故。”可知古代教育，大都为口授也。此在汉初亦然。

（注五）参看徐澄宇著《国学大纲》页一七八。

三　图书分类之起源

　　古者政教未分,官师合一,学术本诸王官,民间未有著述,[注一]图书之稀少可断言也。相传之"三坟,五典,八索,九丘",其以三五八九为名者,虽已含有分类之性质,惜以史文简略,且多附会之说,无从考证矣。

　　周代典籍渐多,政事亦繁,且以简册繁重,收藏不易,故乃设官分守,《周官》一书,叙述颇详。虽或出于后人或刘歆之伪造,[注二]但仍不失为参考之资,姑逐录其说于后。

　　太史掌建邦国之六典,以逆邦国之治;掌法,以逆官府之治;掌则,以逆都鄙之治。凡辨法者,考焉;不信者,刑之。凡邦国都鄙及万民之有约剂者,藏焉。以贰六官。

　　小史掌邦国之志,奠系世,辨昭穆,若有事,则昭王之忌讳。大祭祀,读礼法。

　　内史掌王之八枋之法,以昭王治;执国法及国令之贰,以考政事,以逆会计;掌叙事之法,受纳访,以昭王听治。凡命诸卿及孤卿大夫,则策命之。凡四方之事实,内史读之。王制禄,则赞为之。以方出之。赏赐亦如之。

　　外史掌书王令,掌四方之志,掌三皇五帝之书,掌达书名于四方。若以书使于四方,则书其令。

　　御史掌邦国都鄙及万民之治令,以赞冢宰。凡治者,受法令焉。掌赞书。

　　小行人掌邦国宾客之礼籍,以招待四方之使者……若国礼丧,则令赙补之。若国凶荒,则令赒委之。若国师役,则令犒襘之。若国有福事,则令庆贺之。若国有祸灾,则令哀吊之。此五物者,治其事故,及万民之利害为一书。其礼俗,故事,教治,刑禁之顺逆为一书。其暴乱,作慝,犹犯令者为一书。其礼丧,凶荒,厄贫为一书。其康乐,和亲,安平为一书。凡此五物者,每国辨异之,以反命于王,以周知天下之故。

大司徒之职,掌建邦之土地之图,与其人民之数,以佐王安扰邦国。以天下土地之图,周知九州之地域广轮之数。辨其山林川泽丘陵坟衍,原隰之名物。

司书掌邦之六典,八法,八则,九职,九正,九事,邦中之版,土地之图,以周知入出百物,以叙其财,受其蔽,使入于职币。

大胥掌学士之版,以待致诸子。

司士掌群臣之版,以治其政令。岁登其下,其损益之数,辨其年岁,与其贵贱。周知邦国都家县鄙之数,以昭王治。

司民掌万民之数目,生齿以上,皆书于版。辨其国中,与其都及其郊野。异其男女,岁登其生死。三年大比,以万民之数诏司寇。司寇及孟冬祠司民之日,献其数于王,王拜受之,登于天府。内史,司会,冢宰贰之,以赞王治。

司约掌邦国及万民之约剂……凡大约剂,书于宗彝,小约剂,书于丹图。

司会掌邦之六典,八法,八则之贰,以逆邦国都鄙官府之治……凡在书契,版图之贰,以逆群吏之治,而听会计。

春官大师教六诗:曰风,曰赋,曰比,曰兴,曰雅,曰颂。

太卜掌三易之法,曰连山,曰归藏,曰周易。其经卦皆八,其别皆六十有四。

据上所引,可知盛周之世,犹存三代"法具于书,书守之官"之遗意,设官分守,即以官秩为部次也。^(注三)是周代虽无明显之图书分类,然分官执掌,各守其书,未始非分类之权舆也。

衰周而后,官制不行,文字不隶于职司,于是官府章程,师儒习业,分而为二,书籍亦散亡在天下矣。^(注四)孔子生际斯时,睹典籍之放纷,惧览者之迷眩,因取前世旧籍,及当时史乘,删为六经。弟子三千人，身通六艺者七十二人，由是六籍乃布于民间，官学得闻于私室。迨于西汉，董仲舒对策贤良，请表章六艺，罢黜百家，凡非在六艺之科者绝无进。自兹以往，儒学之尊严，回绝百流，其系统组织，渐臻完密，历二千年不能逾其范围，国教之局，乃始定矣。

儒家之所以能废黜百氏，屏弃道墨者，以有六艺也。盖古时典籍之最显著者，厥为六艺，自经孔子之删定，作精密之审查，详分类例，以明学术之流别；各为按语，以表其特点，然后其书始得大行。故孔子者，实可为中国图书分类之始祖也。兹列其分类大纲于下。

六艺　诗　书　礼　乐　易　春秋

至其特点，孔子尝说：

> 入其国，其教可知也。其为人也，温柔敦厚，《诗》教也；疏通知远，《书》教也；广博易良，《乐》教也；絜静精微，《易》教也；恭俭庄敬，《礼》教也；属辞比事，《春秋》之教也。故《诗》之失愚，《书》之失诬，《乐》之失奢，《易》之失贼，《礼》之失繁，《春秋》之失乱。其为人也，温柔敦厚而不愚，则深于《诗》者也；疏通知远而不诬，则深于《书》者也；广博易良而不奢，则深于《乐》者也；絜静精微而不贼，则深于《易》者也；恭俭庄敬而不烦，则深于《礼》者也；属辞比事而不乱，则深于《春秋》者也。礼记经解

古代学术之传授，惟赖口传，前节已略言之。然口传之学，不能历久而不差，故乃著之竹帛，以传永久。孔子之时，即已有竹帛，"读《易》韦编三绝"可为明证。自此以后，诸子之学既兴，著述乃愈演愈繁，迄于汉世，而刘氏之《七略》分类法，以时势上之要求而产生矣。此当于后章论及。

（注一）章学诚《校雠通义》："古无文字，结绳之治，易之书契，圣人明其用，曰：'百官以治，万民以察。'理大物博，不可殚也，圣人为之立

官分守,而文字亦从而纪焉。有官斯有法,故法具于官;有法斯有书,故书守之官;有书斯有学,故师传其学;有学斯有业,故弟子习其业。官守学业,皆出于一,而天下以同文为治,故私门无著述文字。"

(注二)《洪容斋续笔》:"《周礼》一书,世谓周公所作,而非也。昔贤以为战国阴谋之书。考其实,盖出于刘歆之手。《汉书儒林传》尽载诸经专门师授,此独无传。至王莽时,歆为国师,始建立《周官》经以为《周礼》,且置博士。而河南杜子春受业于歆,还家以教门徒,好学之士,郑兴及其子众往师之,此书遂行。"

(注三)章氏《和州艺文志序》:"周官之籍富矣,保章天文,职方地理,虞衡理物,巫祝交神,各守成书,以布治法,即各精其业,以传学术,不特师氏保氏所谓六艺诗书之文也。司空篇亡,刘歆取《考工记》补之,非补之也,考工当为司空官属,其所谓记,即冬官之典籍也。犹《仪礼》十七篇,为春官之典籍;《司马法》百五十篇,为夏官之典籍;皆幸而获传后世也。当日典籍具存,而三百六十之篇,即以官秩为之部次,文章安得散也。"

(注四)参考章学诚《和州艺文志序》。

本章重要参考书

章新民译薛尔著《图书分类法的理论》,见《文华图书馆学专科学季刊》一卷四期。

梁启超著《论中国学术思想变迁之大势》,见《饮冰室全集》。

蒋复璁著《中国图书分类问题之商榷》,见《图书馆学季刊》三卷一二期合刊。

第二章　分类法之两大系统

一　七略分类法之起源

学术之分类,极盛于战国之世,前章已略述及。虽可据之以分隶图书,但二者究不可同日而语。盖学术之分类为抽象的,系以论理的科学为标准,而其演进为曲线的,非直线的。如汉文,唐诗,宋词,元曲,一代有一代之特长。德意志之音乐,法兰西之绘画,西班牙之舞蹈,意大利之雕刻,则一国有一国之特长。心理学本哲学之附庸,今则蔚为大国,成一独立之科学矣。神学乃欧西大学四科之一,神圣不可侵犯者,而今则日即萎缩,行见其附于哲学矣。经部乃中国二千年之金科玉律,而今以打破别入各类闻矣。则以时代之不同,而观察有所差别;时代之演进,而学术有所变化也。中国图书分类问题之商榷图书分类虽以学术之分野,作平衡之支配,惟尤须注重于实际应用之必要。其目的则在辨章学术,部次甲乙,使图书典籍各归其类,以见学术之范围,各科之关系,使"观图谱者,可以知图谱之所始;观名数者,可以知名数之相关",校雠略若即以论理的科学分类为分类图书之用,则必漫无归宿,不切实用。是学术分类虽发源于战国之前,而图书分类法之成功却在西汉之末了。《汉书艺文志序》说:

> 昔仲尼没而微言绝,七十子丧而大义乖,故《春秋》分为五,《诗》分为四,《易》有数家之传。战国纵横,真伪莫辨,诸子之

言,纷然肴乱,至秦患之,乃燔灭文章,以愚黔首。汉兴,改秦之败,大收篇籍,广开献书之路。迄孝武世,书缺简脱,礼坏乐崩,圣上喟然而称曰:"朕甚悯然!"于是建藏书之策,置写书之官,下及诸子传说,皆充秘府。至成帝时,以书颇亡散,使谒者陈农求遗书于天下。诏光禄大夫刘向校经传诸子诗赋,步兵校尉任宏校兵书,太史令尹咸校术数,侍医李柱国校方技。每一书已,向辄条其篇目,撮其意旨,录而奏之。会向卒,哀帝复使向子侍中奉车都尉歆卒父业。歆于是总群书而奏其七略,故有辑略,有六艺略,有诸子略,有诗赋略,有兵书略,有术数略,有方技略。

七略除辑略非类分图书外,其余六略之下,各复分类,兹据《汉书艺文志》所载,列其类目于下。

六艺略　易　书　诗　礼　乐　春秋　论语　孝经　小学

诸子略　儒家　道家　阴阳家　法家　名家　墨家　纵横家
　　　　杂家　农家　小说家

诗赋略　赋一　赋二　赋三　杂赋　歌诗

兵书略　权谋　形势　阴阳　技巧

数术略　天文　历谱　五行　蓍龟　杂占　形法

方技略　医经　经方　房中　神仙

据上所引,大纲细目,条理井然,新创有系统的图书分类法,不能谓非刘氏之功也。今请略论其分类之原理于次。

一、六艺略为首之原因　六艺之名,见于《周礼地官》。原文云:以乡三物教民,而宾兴之。一曰六德:知、仁、圣、义、忠、和。二曰六行:孝、友、睦、姻、任、恤。三曰六艺:礼、乐、射、御、书、数。

是古代所谓六艺者,本为六种学术,且无其书。至刘氏六艺略所列者,实孔子删定之六经也。盖自衰周而后,官府图书,多已散亡,孔子删定六经,以传来学。后虽以六艺与六经,混为一谈,如司马谈《论六家要旨》说:"夫儒者以六艺为法,六艺经传以千万数,累世不能通其学，当年不能究其礼。"《史记孔子世家》亦云："孔子以《诗》《书》《礼》《乐》教弟子盖三千焉，身通六艺者七十二人。"而后世谈经者，亦可称之为六艺。

六经既为周代之旧典，^{（注一）}故其范围极为广大，所有我国古来之天地、人文、学术、政教，统为所包无遗。即以学术鼎盛之春秋战国而论，诸子百家之著述，风起云涌，虽皆持之有故，言之成理，足成一家之言。但详究其内容，则十九仍根据于六经。如老子说本阴阳，庄列寓言假象，《易》教也；邹衍侈言天地，关尹推言五行，《书》教也；管商法制，义有政典，《礼》教也；申韩刑名，旨归赏罚，《春秋》教也；^{（注二）}都是明证。其次则古人之视六经，大都看作政治上的工具，而以之为修身、齐家、治国、平天下，和经世、济民之大道。故孔子说：

六艺于治，一也。《礼》以节人，《乐》以发和，《书》以道事，《诗》以达意，《易》以神化，《春秋》以道义。_{史记滑稽列传}

又《汉书儒林传》说：

古之儒者，博学乎六艺之文。六学者，王教之典籍，先圣所以明道也，正人伦，致至治之成法也。

古人对于六经之重视既如是，故刘氏以之居于首位，是最适当不过的。^{（注三）}如吾人再为"经"字下一定义，则更了然刘氏放在首位的意义。定义是：

凡古代圣哲的言行政教，其载在典籍，可以垂训戒而作法则，示人以修身，处世，治国，施政的大道，能常用之而无所不通的，才得称它为"经"。_{国学研究经部}

二、儒家不列于六艺略之原因　梁任公说："既列儒家于九流，则不应别著六艺略；既崇儒于六艺，何复夷其子孙以侪十家？"梁氏之意，盖以《论语》《孝经》本为儒家之说，既已列于六艺略，则不应更将其他诸儒侪于十家。此说初看，似可言之成理，实则不然。前章已经论及，《六经》本为古代官守之书，孔子虽曾加以整理以教弟子，

18

实非孔子所作。且诸子之学,皆《六经》之支流,是《六经》乃古代各家思想之总汇,更不能视为儒家私有之秘籍,故宜独立一略。至其列《论语》《孝经》《小学》于六艺之末者,盖以《论语》《孝经》虽非《六经》之本体,但前者是圣人的微言,所以发挥《六经》精蕴之作;^(注四)后者又为《六经》之总汇;^(注五)《小学》则为我国训诂最早之专书;三者皆与《六经》相表里,因而附之于末。此种观念,如衡以现代眼光,当不合理,然在定一尊于孔子之汉代,亦不得不如此也。至于儒家之学说,在当时仅是学派中之一而已,正如其他各家无异,此儒家所以不入六艺略而列于九流之最大原因。

三、纵横杂农小说入诸子略之原因　　梁任公说:"纵横家毫无哲理,小说家不过文辞,杂家既谓之杂矣,岂复有家法之可言,而以之与儒、道、名、墨等比类齐观。"又说:"农家固一家言也,但其位置与兵、商、医诸家相等。农而可列于九流,则如孙吴之兵,计然白圭之商,扁鹊之医,亦不可不为一流。今有兵家略,方技略,在诸子之外。"按梁氏此说,亦未能是,兹请分述于次。

纵横家起于战国之世,其说虽多"险鸷峭薄",^{柳宗元语}然实与儒家相为表里,犹手足之相支,毛革之相附也。按孔门四科,语言居其一,故孔子曰:"不学《诗》,无以言。"^{论语季氏篇}又说:"诵《诗》三百,使于四方,不能专对。虽多,亦奚以为。"^{论语子路篇}故教弟子诵《诗》,贵能奉使专对。《墨子非儒》下篇记孔子一段故事说:

> 孔丘之齐见景公,景公欲封之以尼溪。晏子曰:"不可。"于是厚其礼,留其封,数见而不问其道。孔丘乃恚怒于景公与晏子,乃树鸱夷子皮于田常之门,告南郭惠子以所欲焉。归于鲁,有顷,闻齐将伐鲁,告子贡曰:"赐乎,举大事于今之时矣。"乃遗子贡之齐,因南郭惠子以见田常,劝之伐吴,以救高国鲍晏,使毋得害田常之乱。

《越绝书内传陈成恒篇》亦记此事云:"子贡一出,存鲁乱齐破吴疆晋而霸越。"是则田常弑君,实孔子为之主谋,沐浴请讨之事,明知哀公不听，特借此以自文也。故孔子者，春秋之纵横大师，而子贡实春秋之纵横大家也。_{汉书艺文志讲疏一五六}纵横既为儒家之一支流，则刘氏列入九流，诚为至当。

杂家之学，虽云庞杂，然考《汉志》著录《吕氏春秋》二十六篇，此书仅《吕览》尚存。高诱曰："此书所尚，以道德为标的，以无为为纲纪，以忠义为品式，以公方为检格，与孟轲荀卿淮南扬雄相表里也。"_{吕览序}盖其书，"沈博绝丽，汇儒墨之恉，合名法之源"，_{毕沅语}而以黄老之道德为宗，近世所谓调和派之哲学是也。如此，乌不可以名家？

农家之书，今已无传。氾胜之书，时见他书征引，与贾勰之《齐民要术》，王桢之《农书》，义趣无异。若农家止于如此，则不妨归之方技，与医经经方同列。然观《汉志》所云："鄙者为之，以为无所事圣王，欲使君臣并耕，悖上下之序。"则许行所谓神农之言犹有存者。韩非《显学篇》云："今世之学者，语治者多曰：与贫穷地，以实无资。"是即近世均地主义。然则农家之学，实含有政治主张之论，非泛论农事技艺之术可知矣。如此，自不能与孙吴之兵，计然白圭之商，扁鹊之医，相提并论。刘氏之列入诸子者，正是他的特识。

小说虽系街谈巷语，道听涂说者之所造，然其合丛残小语，近取譬喻，以作短书，治身理家，亦有可观之词，_{文选注卷三十一引桓子新论}如《汉志》著录《周考》七十六篇，《青史子》五十七篇，《臣寿周纪》七篇，《虞初周说》九百四十三篇，皆与近世杂史相类，比于《西京杂记》《四朝见闻录》等，盖差胜矣。贾谊尝引《青史》，必非谬悠之说可知。又如《宋子》十八篇，即宋钘所作。按钘宋人，"钘""牼"古字通，故《孟子告子篇》曰"宋牼"，而庄子及韩非又称曰"宋荣子"，与尹文同道，为华山之冠以自表。接万物以别宥为始，以聏合欢，以调海内。故见侮而不辱，救民之斗；禁攻寝兵，救世之战。以此周行天下，上说下教。虽天下不取，强聒而不舍。_{庄子天下}

篇盖有益于社会道德者也。如《伊尹说》二十七篇,《鬻子说》十九篇,《待诏臣安成未央术》一篇等,其言皆兼黄老,含有哲学之成分,所谓以小说托哲理,有裨民俗之作。故孔子曰:"虽小道,必有可观者焉!"是周秦小说与后世之杂事异闻,通俗传奇,绝不可同日而语也。且《汉志》序诸子十家,明谓"其可观者,九家而已",是已视小说为附录矣。至所以仍入诸子略者,盖即因其虽属小道,究系出于稗官,且皆兼言黄老,含有哲理成分也。

四、诗赋独立之原因　未论到本题之前,吾人不妨先将诗赋之起源略为叙述。《礼记王制》说:"天子五年一巡狩。岁二月,东巡狩……命太师陈诗以观民风。"《汉书艺文志》又说:"古者有采诗之官,王者所以观风俗,知得失。"《食货志》又说:"春秋三月,群居者将散,行人振木铎,徇于路以采诗,献之大师,比其音律,以闻于天子。"此可知古之王者采诗以观民风,而自考正。故曰:"王者不窥牖户,而知天下。"盖书重朝廷,诗详民间也。孔子之时犹三千余篇。孔子删之,去其重,取可施于礼义者三百五篇,皆弦歌之,以求合韶武雅颂之音,以备王道,成六艺。春秋以后,周德寖衰,聘问歌咏,不行于列国,学诗之士,逸在布衣,而贤人之赋作矣。汉志叙此可知赋与诗实有相当之历史渊源与关系,故《两都赋序》谓"赋者,古诗之流也。"换言之,亦即《诗经》之支流也。校雠通义

诗赋既为《诗经》之支流,而刘氏不仿《太史公书》列入《春秋》类之例,而所以离诗类独立一略者,盖自大儒孙卿,楚臣屈原,离谗忧国,皆作赋以风后,宋玉、唐勒、枚乘、司马相如、扬雄诸儒,竞为侈丽闳衍之辞。迄乎孝武之世,立乐府,采歌谣,于是有代赵之讴,秦楚之风,六义附庸,蔚成大国,故不得不另立诗赋略以统之,此亦不得已之势也。[注六]

五、兵书术数方技不入九流之原因　中国图书分类法,以四部之流行为最久,亦最有威权。然其子部之糅杂,实为《七略》所不及。考《七略》所以眉目清楚,井然有条者,盖即以先秦诸子为一

略,另以兵书、术数、方技、各为一略,与之并行也。至其所以如此者,并非因校书者异其人,^(注七)而实以诸子之学,本为立说以明道,庄子所谓"道术在是,圣人之教"是也。兵书、术数、方技,则为守法以传艺,偏重于实行方面,所谓"圣人之政"也。亦即章氏所谓"虚理实事,义不同科"之理。且诸子之学,各有本源,卓然一家之言,而皆思以其学易天下者,故诸子之说虽次六艺一等,实与六经相表里也。至其所论,大都为宇宙观,人生观,以及对于政治经济之思想,全属于哲理之学。而兵书,术数,方技所论,或属于社会科学,或属于卜筮小道,或属于应用技术。以现代眼光衡之,前者为学,后者为术,是所施既异,自不能并为一谈,刘氏之法,可称特识。

综上所论,七略分类之法,其计画可谓十分精密,其用意则又十分深远,盖所谓辨章学术,考镜源流,部次条别,宣明大道,使人由委溯源,以见坟籍之初者也。

七略分类之原理已略如上述,兹请再言其分类之优点。

一、类次以学术为主　七略之分类,最重学术之源流,盖有得于太史《叙传》,庄子《天下篇》,及荀卿《非十二子》之意。如六艺为周代之旧典,三代之文献,其特色在:

A,非一人之手笔;

B,不限于一种时代;

C,包罗万有,亦哲亦史,亦政书,亦文学。

不独为学术之总汇,且为后世思想之源泉,著述之先导。^(注八)是六经实为东方古代唯一之伟大丛书,故乃列之于首。诸子之学,虽盛春秋之后,实皆源出于王官,^(注九)且皆本之六艺,可与六经为表里,故列之于次……可知当时之类例,都是以"条别学术异同,将以折衷六艺,宣明大道"为主旨。

二、分类系统整严　七略之分类既以学术为主,故每略所列子目之系统亦十分整严。如方技略之医经、经方、房中、神仙四目,方经可以治病,房中可以生子,神仙可以长生,首尾相因,具有至理。

22

换言之，人惟无病始能生子，生子则人事已尽，而后可以修天道，顺逆兼施，有始有卒。_{汉书艺文志姚氏注解}亦即章学诚所谓"即器明道"之至理。

三、类名之适当　书籍之有分类，以义之有异也。故类名之采用，应有显明特出之意义，以表示其异点。《七略》六略之名称，皆足以表其异同，而示其容积。如六艺之不称"经"，诸子之仅限周秦，皆极明显之例也。他如兵书略之"兵"字，以古代有"用兵，治兵，兵革，兵戎"，之说，可以作武事之总名，故以"兵书"代表武事一略。皆可说是最适当不过。

四、分类之细密　学术之系统，由大至小，层次井然，图书之分类，虽不能如科学之精密，然亦当以精密为原则，故子目之分析，亦宜依次进展，无可苟简。《七略》各略之下，皆有子目，如诗赋一略，自《屈赋》二十五篇以下二十家为一种，《陆贾赋》三篇以下二十一家为一种，《孙卿赋》十篇以下二十五家为一种，而殿之以杂赋、歌诗二种，名类相同而区种有别，盖以前三种之赋，亦如诸子之各别为家，而当时不能尽归一例也。_{校雠通义}余如六艺略论语一种，既分齐、古、鲁三家，而鲁又分为夏侯、安昌侯、王骏等说。

五、分类各从其义　典籍之分类，不外二种：一曰义，二曰体。辨义者以图书之内容为主，故可统学术之流别，存专门世守之业。崇体者以图书之体裁为重，虽能使界限归诸整齐，但不免有牵凑笼统之弊。如四部之史部，《七略》不别立略，而以《太史公书》入《春秋》。其他史传之书，大都各从其义散入各略，如《国语》《国策》《世本》《奏事》《楚汉春秋》《太史公书》皆为史书，悉入之《春秋》。他如《封禅议对》《汉封禅群祀》，皆为政书，故入礼经。《周政》《周法》《河间》《周制》，或述制度，或言职官，为职官政书；《高祖传》十三篇，注云："高祖与大臣述古语及诏策之书，"《孝文传》十一篇，注云："文帝所称及诏策之书"，《太常蓼侯孔臧》十篇，注云："父聚。高祖时以功臣封，臧嗣爵之书"，皆为史部诏策类，而悉入

23

之诸子略儒家。于长《天下忠臣传》，纪传之书也，^(注十)而以之入阴阳家。《帝王诸侯世谱》《古来帝王年谱》皆入术数历谱类。《山海经》地理之书，而以之入术数形法类。凡此皆后人认为史部之书而《七略》之所以散归各略者，盖即重本义，以辨章学术为主也。

关于《七略》之优劣，论者不一，郑樵说：

《七略》惟兵家一略，任宏所校，分权谋，形势，阴阳，技巧四种，又有图四十卷，与书参焉。其次则尹咸校术数，李柱国校方技，亦有条理。惟刘向父子所校经传，诸子诗赋，冗杂不明，尽采语言，不存图谱。缘刘氏章句之儒，胸中元无伦类也。校雠略编书不明分类论

又章学诚说：

形而上者谓之道，形而下者谓之器，善法具举，本末兼该，部次相从，有伦有脊，使求书者，可以即器明道，会偏而得全；则任宏之校兵书，李柱国之校方技，庶几近之。其他四略，未能称是，故《刘略》《班志》不免贻人以口实也。夫兵书略中孙吴诸书，与方技略中内外诸经，即诸子略中一家之言，所谓形而上之道也。兵书略中形势、阴阳、技巧三条，与方技略中经方，房中，神仙三条，皆著法术名数，所谓形而下之器也。任李二家，部次先后，体用分明，能使不知其学者，观其部录，亦可了然。校雠通义补校汉志十之三

又说：

术数一略，统分七条，则天文、历谱、阴阳、五行、蓍龟、杂占、形法是也。元按术数一略本六目章氏误入阴阳一目以道器合一求之，则阴阳、蓍龟、杂占三条，当附《易经》为部次，历谱当附《春秋》为部次；五行当附《尚书》为部。纵使书部浩繁，或如诗赋浩繁，离《诗经》而别自为略，亦当申明源委于叙录之后也。同上十之四

观上所引，较以前面所论，《七略》之优劣当可了然矣。虽其

类目并非绝无可议之处，但刘氏之前，并无图书分类之事，更无图书分类之法。初创之时，会有如此成绩，亦足以雄视千古了。惜乎此书唐末即已散佚，虽有辑本，^(注十一)仍不可窥见全豹，致使当日"别裁""互著""标题"诸法，无从考溯，实可为中国学术界之一大损失也。

（注一）《校雠通义》："六艺非孔氏之书，乃《周官》之旧典也。《易》掌太卜，《书》藏外史，《礼》在宗伯，《乐》隶司乐，《诗》领于太师，《春秋》存乎国史。"

（注二）参看章学诚《文史通义诗教上》。

（注三）分类法之以经部居于首位，即在近时亦是常见，如查修氏即其一也。氏编有《杜威书目十类法补编》，其总类叙例说："我国经部内容，至为广泛。在我国学术上，久享有相当之敬仰。故在吾类别统系中，亦须能占首要位置。杜法首端000－009未载何类，吾于是以经部入之；既合统系，又列首部，幸孰甚焉。"详见本书第五章三节。

（注四）《汉书艺文志》："《论语》者，孔子应答弟子，时人及弟子，相与言而接闻于夫子之语也。"

（注五）郑康成《六艺论》："孔子以六艺名目不同，指意殊别，恐道离散，后世莫知根源，故作《孝经》以总会之。"

（注六）参考阮孝绪《七录序》，见《广弘明集》卷三，及章学诚《校雠通义》。

（注七）近人吕思勉说。见《经子解题》页九十三。原文云："兵家及方技，其为一家之学，与诸子十家同。数术与阴阳家尤相为表里……而《七略》所以别之者，以校书者异其人。"

（注八）参考汪应文《子部分类管窥》下，见《文华图书馆学专科学校季刊》六卷三期。

（注九）《汉书艺文志》："儒家者流，盖出于司徒之官；道家者流，盖出于史官；阴阳家者流，盖出于羲和之官；法家者流，盖出于理官；名

家者流,盖出于礼官;墨家者流,盖出于清庙之守;纵横家者流,
盖出于行人之官;杂家者流,盖出于议官;农家者流,盖出于农稷
之官;小说家者流,盖出于稗官。"

(注十)颜师古曰:刘向《别录》云:传天下忠臣。陶宪曾曰:长书今不传,
其列阴阳家者,自别有意恉,后人不见其书,无从臆测。案章一
山师椺谓,此系传天下忠臣之以阴阳风鉴而杀身者。见《汉书艺
文志姚氏注解》。

(注十一)《别录》《七略》辑本,如洪颐煊之《经典集林》,十二十三马国
翰之《玉函山房辑佚书》,史类第八及姚振宗之《七略别录佚文》,
刻在快阁师石山房丛书顾观光诸人是也。顾稿藏慎初堂。

二 七略分类法之盛行

载籍至两汉而极盛,故目录之学至两汉而始昌。向歆以后,此
学益盛。踵述源流,犹可沿溯。兹就后汉所编目录,略述于后。

东汉初的分类

《七略》分类自经刘氏创始后,终汉之世,所有官编目录大都
采用取则,《七录序》说:

及后汉兰台,犹为《书部》,又于东观及仁寿阆撰集《新记》,校
书郎班固、傅毅并典秘籍。

又《隋书经籍志序》说:

光武中兴,笃好文雅,明章继轨,尤重经术。四方鸿生钜儒负
帙自远而至者,不可胜算,石室兰台,弥以充积。又于东观及
仁寿阁集新书。校书郎班固傅毅等典掌焉。并依《七略》而
为书部。

综上所引,可知东汉之初,官编目录,盖有:

一、《兰台书部》。

二、《东观新记》。

三、《仁寿阁新记》。

三书之成，约在明帝、章帝之间。（五八—八八）其体例及分类，亦全依《七略》也。惜三书皆亡于董卓之乱，并王俭、阮孝绪亦未得见，其详已不可考矣。

《汉志》的分类

三目既已亡佚，无从考溯，故欲考先秦学术渊源流别及古代书籍存佚真伪者，不得不以班固所编之《汉书艺文志》为基本。盖此志之编制，完全采用刘氏《七略》一书，《七录序》说："固乃因《七略》之辞为《汉书艺文志》。"《隋志》又说："并依《七略》而为《书部》，固又编之以为《汉书艺文志》。"凡此皆为明证。

《班志》之制，虽全部采用《刘略》，然亦略有增删之处。《自序》说："今删其要，以备篇籍。"是班氏已明言有所删改也。至其与《刘略》不同最大之点，为辑略之删除。然据颜师古注云："辑与集同，谓诸书之总要。"又胡应麟《经籍会通》云："刘歆《七略》：一曰六艺，一曰诸子，一曰诗赋，一曰兵书，一曰术数，一曰方技，而首之辑略，以总集诸书之要。分列品题，实六略耳。"又据马国翰《玉函山房辑佚书》，所辑之《七略》《别录》，辑略仅有三条，大都为论校书及制简之方法。故吾人可以大胆的说，辑略并非类分图书之略，与其他各略，不生若何影响。而况《七录序》《经籍会通》所说："《七略》书三十八种"，与《汉志》："大凡书六略，三十八种"，其数目亦相符合。是则辑略所载，未必另有图书可知矣。兹更迻录黄绍箕、孙德谦二氏之说，以见班氏删去辑略之故。黄氏说：

章氏执刘法以绳班，余谓刘班二家之法判然不同，未可混而为一。刘氏第录一书，必取可观览者，又合中外众家之书，删并重复，乃始定著付缮写，盖颇有所抉择去取，实删定之业也。班氏则史也，其所撰《艺文志》，簿录家也。当时儒臣之校集，

27

广内之弆藏,于是乎征之,存掌故而已。刘氏以辨章学术为主,故以辑略冠首。班氏以记录掌故为主,故分散辑略,附于各目之后。续校雠通义引

又孙氏说:

歆之《七略》,继父而作,则辑略者,亦必语多扼要,有不可删节者。吾尝求班氏所以删要之故,而不得其解。及今思之,知史家作志,异于专家目录者在此。专家目录于一书也,不殚反覆推详;若史家者,其于一书之义理,只能示人以厓略,在于要言而不烦。是故以刘氏之辑略,虽提纲絜要,犹取其至要之言,其余则毅然删去之而无所顾惜。刘向校雠学纂微

余如归类之不同者,亦颇不少。如《史记管晏列传正义》引《七略》云:"《管子》十八篇在法家"而《汉志》《管子》八十六篇在道家。《军礼司马法》百五十五篇,《七略》本在兵权谋中,班氏则改归礼家。蹴踘二十五篇,《七略》本在杂家,班氏则改入兵技巧内。其新收者,则书入《刘向稽疑》一篇;小学入扬雄《苍颉训纂》一篇,杜林《苍颉训纂》一篇;儒入《扬雄所叙》三十八篇。(注一)其删去者,据《唐会要》司马贞议所称,《七略》本有《子夏易传》一书,班氏《汉志》则不载。《班志》不尽同于《刘略》,即此可见。

刘班异同,略如上述。至《班志》之优点,今按分类所关,约而书之,可有下列三端:

一、类例能适应著作　分类法宜适应著作之范围,此为目录学上一大原则。盖学术之演进,常随时代而变迁,故从事分类者,须时时注意社会之新知识,补充其分类,庶免挂一漏万,削足适履之讥。《班志》所分,虽仅六略,而对于当时之著作,大都已能包括在内。如执《七略》之成法,以部次今日之图籍,则捉襟见肘,必不能复适。由此可知,一时代之分类,适应一时代之著作,《班志》即其一也。

二、分类各从其义　分类之功用,在别异同,核名实,故从事分

28

类者，应以图书之内容为主。如为化学，则一类皆是化学，决不容有一他书羼入，以乱其例。《班志》分类之优点，即在于此。故凡一书之内，分列多类而义有异者，复用"别裁"之法以济其穷。如六艺略礼家类下已有《记》百三十一篇，复有《中庸说》二篇，《中庸》固裁篇别出于本类者也。《孔子三朝记》七篇，既见于六艺略礼家之《大戴礼》，又见于六艺略之《论语家》，则又裁篇别出于他类者也。又凡一书多义，不能别裁者，则用"互著"之法。如诸子略法家有《李子》《商君》，而兵家亦有《李子》《公孙鞅》；纵横家有《庞煖》，而兵家亦有《庞煖》，则一书两通，并举而互著者也，故《班志》分类，能将同类之书置于一处，可以辨异同，通学术，明源流，究得失。

三、子目之细密　图书分类，虽不能如科学之精密，然总以精密为原则，故子目之厘订，亦应详为分析，无可苟简。如《汉志》每略之下，各复分类，类下之再加以分析者，则加标题于每书之上。如礼家之《司马法》，则标以"军礼"二字，乐家之赵氏师氏龙氏，则又标以"雅琴"二字；若再别之，则固"军礼"与"雅琴"二目也。

后人对《班志》之评价，论者不一，郑樵说：

间有《七略》所无而班氏杂出者，则颠矣。扬雄所作之书，刘氏盖未收，而班氏始出。若之何以《太玄》《法言》《乐箴》三书，合为一总，谓之《扬雄所叙》三十八篇，入于儒家类。按儒家旧有五十二种。固新出一种，则扬雄之三书也。且《太玄》易类也，《法言》诸子也，《乐箴》杂家也；奈何合而为一家！是知班固胸中，元无伦类。校雠略

而清儒金榜则谓：

不通《汉艺文志》，不可以读天下书。《艺文志》者，学问之眉目，著述之门户也。十七史商榷引

是则前人之重视《汉志》者，并非无因。虽其分类未能尽是，然后世书目之编制方法及分类，大都根据或损益此志，则其价值不

待言而自明矣。

（注一）参考章宗源《隋经籍志考证》卷十三七略条。

三　四部分类法的起源

中国图书分类法之另一系统，即现在仍在流行的四部分类法。本来学术是随时代而变迁，故图书之分类，不能一成而无变。魏晋以来，学术日歧，典籍弥繁，《七略》所部，已难囊括，故不得不另谋概括之方法，以求适应当时之著作界。因此以时势上之要求，四部分类法便产生了。兹将史志所记，条举于下，以见四部分类法之起源。

郑默，字思玄，袤子。为人敦重，柔而能整。仕魏为秘书郎。考核旧文，删省浮秽。中书令虞松谓曰："而今而后，朱紫别矣。"晋书本传

魏秘书郎郑默，始制《中经》；荀勖又因《中经》更著《新簿》，分为四部，总括群籍。隋书经籍志

荀勖，字公会，爽曾孙。仕魏累官侍中。入晋封济北郡公，拜中书监，进光禄大夫。掌乐事，修律吕，正雅乐，领秘书监，与中书令张华整理记籍。又得汲冢中古文竹书，诏勖撰次，以为《中经》，列在秘书。晋书本传

晋领秘书监荀勖，因《魏中经》，更著《新簿》，分为十有余卷，而总以四部别之。七录序

综上所引，四部分类法，虽创始于荀氏，然郑默《中经》之作，亦当在筚路蓝缕之列。

《中经》四部之名称，据《隋志》所载：

30

一、曰甲部　　纪六艺,小学等书。

二、曰乙部　　有古诸子家,近世子家,兵书,兵家,数术。

三、曰丙部　　有史记,皇览簿,杂事。

四、曰丁部　　有诗赋。图赞,汲冢书。

关于荀氏不用专门名辞,而以甲乙丙丁为次之原因,兹引刘国钧氏之说以明之。他说:

> 勖既认一切书籍可归入四类,何以不为四部各立一名,而乃用此无意义之甲乙丙丁四字,当必有说。今其书不传,义例不得而见,或者此四部之名,非用以称书籍之部类者,而仅为书目纪录上之一种顺序。故同部者未必即同种类。不然,何以荀勖能别史书于《春秋》,乃使汲冢书与诗赋及图赞同部乎? 况《隋志》称李充总没众篇之名,但以甲乙为次。是勖之原书必有篇名以标明门类。所谓甲乙丙丁云者,只次第之名,非部类之称,殆于斯可见。迨李充既删其篇名,则其目录中当不复有类目,而次第之序,乃混于类目之称。嗣后官修目录,除梁文德殿五部目录,术数之书,自为一部外,均沿袭李充之制,其苟简自不难推知。然则魏晋间四部之制,其性质固与后世迥殊也。

刘氏之论,颇能洞见症结,甲乙丙丁之名,原以为部次之法,如明《文渊阁书目》之以千字文“天地玄黄,宇宙洪荒,日月盈昃,辰宿列张,寒来暑往”,及朱彝尊《竹垞行笈书目》之以“心事数茎白发,生涯一片青山,空林有雪相待,古道无人独还”二十四字相同。但姚名达氏则以为荀氏是直以甲乙丙丁为类名。他说:

> 按李充之时,与《隋志》之成,相隔不远。李充总没众篇之名,或许亦有人尚能看到原书。中经新簿、隋唐志皆著录《隋志》著录时,何以无一语之说明? 即曰“更著《新簿》,分为四部,总括群书,一曰甲部”云云的肯定、直接的语气。目录学页七一

至于诗赋图赞所以同归丁部者,盖荀氏之意,以为凡非经非

31

史，不成一家言之书，均可归入一部。而汲冢书则以校缀未定，不能划分，故不得不暂入丁部。或许汲冢书之发见，已在《中经》告竣之时，_{按梁任公说中经簿之成在晋初汲冢书之发见在太康三年}故只有列入最后一部。总之，《中经》一书，今已不传，其详已不可考，前面所论，仅是后人之想像而已。

前章已经论到，典籍之分类，不外"义""体"二种。辨义者，以学术之流别为主；辨体者，以图书之体裁为重。荀氏分类之出发点，就是重体之作。自此以往，目录学家遂专主体而不主义。故开后世四部之先声，乱刘氏之家法者，自荀勖始也。《七略》之家法既不存，而学术之流别，亦无由考索矣。试看荀氏之以政制混入道术一则，_{兵家术数同入乙部}其牵强难安，已可概见。不过，初创之法，简率疏忽，自是难免，一种事业之成功，决不会一蹴而成。章学诚所说："创始者难为功"之言，可谓大有见解。

自荀勖之法既行，而刘班之学遂晦。然推寻事迹，则四部之制，仍发源于刘氏《七略》。兹将《七略》《中经簿》之开合，列表如下：

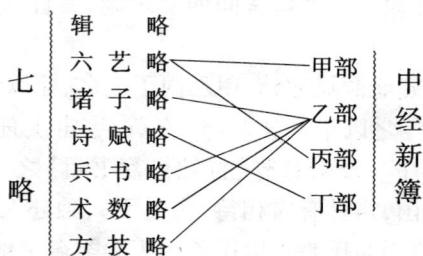

表中所列，《七略》之六艺略即四部之甲部；诸子，兵书，术数，方技四略，四部则合为乙部；诗赋即丁部；至四部之丙部，亦即六艺略中之《春秋》家，仅仿诗赋离诗家而独立之成例，另立一部而已。故四部分类之创，虽始于荀勖，然其体实已孕于刘氏之《七略》。

32

部次之确定

四部之名称,虽创始荀勖;而四部之次序,实定于李充。盖荀氏四部之次为甲经,乙子,丙史,丁集,与后世盛行之四部法不尽相同,直至元帝时,李充造《四部书目》,始略易荀氏之旧例,定为甲经,乙史,丙子,丁集之序也。《七录序》说:

> 惠怀之乱,其书略尽,江左草创,十不一存。后虽鸠集,淆乱已甚。及著作郎李充,始加删正。因荀勖四部之法,而换其乙丙之书;没略众篇之名,总以甲乙为次。自时厥后,世相祖述。

又钱大昕《元史艺文志》说:

> 晋荀勖撰《中经簿》,始分甲乙丙丁四部,而子犹先于史。至李充为著作郎,重分四部,五经为甲部,史记为乙部,诸子为丙部,诗赋为丁部。而经史子集之次始定。

章学诚《和州艺文志序》说:"六典亡而为《七略》,《七略》亡而为四部……四部之书,乃为后世著录不祧之成法,而天下学术,益纷然无复纲纪矣。盖《七略》承六典之敝,而知存六典之遗法,四部承《七略》之敝,而不知存《七略》之遗法;是《七略》能以部次治书籍,而四部不能不以书籍乱部次也。"是章氏认《七略》能上承六典,明学术之渊源,而四部则否。其实《七略》之法虽善,然以之用于魏晋以后,亦必难于适用,盖:

一、两汉以前,史统于经。刘班具论源流,故《太史公书》可附于《春秋》。后世纪传日多,流别亦杂,《春秋》一类,已难尽容。

二、魏晋以来,玄谭是尚。始则丐馥于老庄;继则乞灵于服饵。繁言庞杂,愈出愈歧,诸子道家,固难附比,方技房中,讵能尽录。

三、佛氏之书,来自域外。齐梁而后,经论益滋,诸子不可苟同,方技无从附会。势必别立疆域,以当尾闾。

四、诗赋原无定称,但以篇章为次;集部兴于魏晋,不复沿用旧名,改弦更张,势不容缓。目录学研究

五、钞辑之书,始于晋代,本为便一时之记忆,故其书有经有史,其文或墨或儒;既非丛书,又非类书。若还其部次,则篇目不全;若自为一书,则义类难附。势必另立类目,以期妥协。校雠通义

综上所论,则《七略》之流而为四部,亦如篆隶之流而为行楷,皆势所不容已者也。况四部之法,本非不可变通,则于其中附以辨章流别之义,以见文字之必有源委,学术之必有系统,亦足以垂法万世也。

四　七略四部之互竞

四部之法,本始于魏而定于晋,故终晋之世,从事著录者,大抵遵循此制,未尝变动。至《七略》之法,虽以四部之盛而寖衰,然亦未尝废,故至宋齐梁陈隋诸朝,乃复崛起,而与四部成为竞争之形势矣。

四部法之盛行

《晋书李充传》说:"四部,甚有条贯,秘阁以为永制。"则宋齐以后之官编目录,大都遵守此制。故继李充而起者,宋代有:

《元嘉八年秘阁四部目录》　谢灵运撰。《宋书本传》说:"太祖登祚,征为秘书监,使整理秘阁书,补足缺文。"《隋志序》又说:"其后中朝遗书,稍流江左。宋元嘉八年,秘书监谢灵运造四部目录。"

《四部大书目》　殷淳撰。《宋书本传》说:"淳字粹远,景仁从祖弟也。少好学,有美名,在秘阁撰《四部书目》四十卷,行于世。"《南史本传》亦谓:"在秘书阁,撰《四部书大目》,凡四十卷,行于世。"

《元徽元年四部书目录》　王俭撰。《南齐书本传》:"俭撰定

34

《元徽四部书目》。"《隋志》亦云："宋元徽元年,王俭造《目录》。"
在齐代则有:

《永明元年秘阁四部目录》 王亮谢朏撰。《南史王亮传》:
"亮字奉叔,莹从父弟也。以名家子,历任秘书监。"《南史谢朏
传》:"朏字敬冲,庄子。齐高帝辅政,选朏为骠骑长史,进侍中,领
秘书监。"《七录序》云:"齐秘书丞王亮,监谢朏等,并有新进更撰
《目录》。"

在梁代则有:

《天监六年四部书目录》 殷钧撰。《梁书本传》:"天监初,钧
启校定《秘阁四部书目》。"《南史本传》:"钧字季和,历秘书丞,在
职启校定秘阁四部书,更为《目录》。"

《东宫四部目录》 刘遵撰。《南史本传》:"遵字少陵,览弟。
有学行,工属文。为晋安王纲宣惠云麾二府记室,甚见宾礼。王立
为太子,仍除中庶子。卒官。"《隋志》"梁《东宫四部目录》四卷,
刘遵撰。"

《文德殿四部目录》 刘孝标撰。《南史本传》:"峻字孝标,本
名法武,奔江南,改名峻。天监中召入西省,与贺纵典校秘阁。"
《七录序》云:"又于文德殿内别藏众书,使学士刘孝标等重加校
进,乃分术数之文,更为一部,使奉朝请祖暅撰其名录。"故《隋志》
谓:"梁有五部目录。"

在陈代则有:

《天嘉六年寿安殿四部目录》 不著撰人。《隋书经籍志》:
"梁元帝收文德殿之书,公私经籍,归于江陵。周师入郢,咸自焚
之。陈天嘉中,又更鸠集,考其篇目,遗阙尚多。"

《德教殿四部目录》 不著撰人。《隋志》著录。

在隋代则有:

《开皇四年四部目录》 牛弘撰。《隋志》不著撰人。《隋书本
传》:"弘,字里仁,安定鹑觚人。本姓尞氏。好学博闻。开皇初,

授散骑常侍秘书监。以典籍遗逸,上表请开献之路。"《旧唐志后序》云:"隋氏平陈,南北统一。秘书监牛弘奏请搜访遗逸,著定书目。"

《开皇八年四部目录》 不著撰人。《隋志》著录。

《香厨四部目录》 不著撰人。《隋志》著录。

《开皇二十年书目》 王劭撰。《隋书本传》:"劭字君懋,晋阳人。少沈嘿,好读书。高祖受禅,授著作佐郎,以母忧去职。起为员外散骑侍郎。"按此目《隋志》不著录,《两唐志》著录。

《大业正御书目录》 柳晉撰。《北史本传》:"晉字顾言,河东人。少聪敏,解属文,好读书,所览将万卷。炀帝即位,拜秘书监,封汉南县公。从幸扬州卒。"《北史》:"隋西京嘉则殿,有藏书三十七万卷。炀帝命秘书监柳顾言等诠次,除其重复,得正御本三万七千余卷,纳入东都修文殿。"

上列各目,虽其书皆已散佚,然据其书目之名称推测,可知其部属之法,大抵遵循四部,无所增损。是则四部法之盛行,于斯可见矣。

《七略》派之崛起

四部之法,既已盛行于六朝之间,然亦有沿用刘歆《七略》之法,而为之改进其部次,变易其名称,以自成一家之学者。如宋王俭之《七志》,梁阮孝绪之《七录》,隋许善心之《七林》是也。兹分述于次。

《七志》 王俭撰。《南齐书本传》:"俭字仲宝,僧绰子。宋明帝时历官秘书丞。上表求校坟籍,依《七略》撰《七志》四十卷,宋书废帝本纪作三十卷上表献之。"《隋书经籍志序》又谓:"元徽元年(四七三)八月,秘书丞王俭又造《目录》。又别撰《七志》,……然亦不述著者之意,但于书名之下,每立一传,而又作九篇条例,编乎卷首之中,文义浅近,未为典则。"此可知王俭既造《四部书目》,颇感于

36

四部之法，未足以统辖全书，且有牵强难安，削足适履之弊；反不如刘氏《七略》之便，故其私撰目录，仍依《七略》之体，兼采荀李之法，撰《七志》四十卷，于元徽元年八月上之。兹据《隋志》所载，列其类目于下：

    经典志　纪六艺、小学、史记、杂传。

    诸子志　纪古今诸子。

    文翰志　纪诗赋。

    军书志　纪兵书。

    阴阳志　纪阴阳，图纬。

    术数志　纪方技。

    图谱志　纪地域及图书。

    附道经录

    附佛经录

《七志》一书，久已亡佚，其详已不可考。惟据诸家所说，大都因袭刘氏《七略》，仅将类名加以更改而已。如经典志即《七略》之六艺略，诸子志即诸子略，文翰志即诗赋略，军书志即兵书略，阴阳志即术数略，术艺志即方技略。而《隋志》所说："书名之下，每立一传，而又作九篇条例，编乎卷首之中，文义浅近，未为典则，"一语，或许就是辑略之意。可惜书佚无考了。

《七志》与《七略》不同最大之处，即刘氏虽云《七略》，其分类图书者仅有六艺略以下六略，王氏则别图谱一志，专收图谱，以成七数，此可以说是七分法之一进步，故郑樵说："刘氏《七略》，收书不收图。惟任宏校兵书一类，有书有图。宋齐之间，王俭作《七志》，六志收书，一志专收图谱。不意末学而有此作也。"通志图谱略此外更将道佛之书，各为一部，虽继《七志》之后，而不在其数，此可见虽因袭《七略》之旧，但不尽依其例，其斟酌损益之间，具见其用意之深远，计画之周密，可谓不泥古之作矣。惟《纬书》既托于经，似可附于经典之末，隋志确入经部艺连于术，则与六艺混淆，不及

37

方技之明显;而阴阳偏有所系,不如术数之该通。总之,宋齐之间,百事填委,而能规《七略》之旧,从事于学术源流之考索,亦就很难能可贵了。

《七录》 阮孝绪撰。《梁书处士传》:"孝绪字士宗,陈留尉氏人。年十三,遍通五经;屏居一室,非定省未尝出户。所著《七录》等书二百七十卷,行于世。"《隋书经籍志序》说:"普通中,有处士阮孝绪,沉静寡欲,笃好坟典,博采宋齐以来王公之家,凡有书记,参校官簿,更为《七录》,一曰经典录,纪六艺;二曰记传录,纪史传;三曰子兵录,纪子书兵书;四曰文集录,纪诗赋;五曰术技录,纪数术;六曰佛录;七曰道录。其分部题目,颇有次序,割析义理,浅薄不经。"

《七录》一书,宋后始佚,(注一)已不可考,惟《自序》一篇,尚见存于《广明弘集》中。卷三兹据所载,列其目次于后:

经典录 易 尚书 诗 礼 乐 春秋 论语 孝经 小学

记传录 国史 注历 旧事 职官 仪典 法制 伪史 杂
   传 鬼神 土地 谱状 簿录

子兵录 儒 道 阴阳 法 名 墨 纵横 杂 农 小说
   兵家

文集录 楚辞 别集 总集 杂文

术技录 天文 谶纬 历算 五行 卜筮 杂占 形法 医
   经 经方 杂艺

佛法录 戒律 禅定 智慧 疑似 论记

仙道录 经戒 服饵 房中 符图

《七录》之分类,对于《刘略王志》,可说是一大进步。如将经典志之史记杂传,别出而为纪传录;将军书志仍改为兵书,与诸子合为子兵录;将图谱拆散,分入各部;增入佛道二录;这都是很有意义的改革。请看他自己的解说:

王以"六艺"之称,不足标榜经目,改为经典,今则从之,故序

38

经典录为内篇第一。

刘王并以众史合于《春秋》。刘氏之世,史书甚寡,附见《春秋》,诚得其例。今众家记传,倍于经典,犹从此志,实为繁芜。且《七略》诗赋,不从六艺诗部,盖由其书既多,所以别为一略。今拟依斯例,分出众史,序记传录为内篇第二。

诸子之称,刘王并同。又刘有兵书略,王以兵字浅薄,军言深广,故改兵为军。窃谓古有"兵革"、"兵戎"、"治兵"、"用兵"之言,斯则武事之总名也,所以还改军从兵。兵书既少,不足别录,今附于子末,总以"子兵"为称,故序子兵录为内篇第三。

王以"诗赋"之名,不兼余制,故改为"文翰",窃以顷世文词,总谓之"集",变"翰"为"集",于名尤显,故序文集录为内篇第四。

王以"术数"之称,有繁难之嫌,故改为"阴阳";"方技"之言,事无典据,又改为"艺术"。窃以阴阳偏有所系,不如术数之该通;术艺则滥六艺与数术,不逮方技之要显;故还依刘氏,各守本名。但房中,神仙,既入仙道;医经,经方,不足别创。故合"术技"之称,以名一录,为内篇第五。

王氏图谱一志,《刘略》所无;刘术数中虽有历谱,而与今谱有异。窃以图画之篇,宜从所图为部。故随其名题,各附本录。谱既注记之类,宜与史体相参,故载于传记之末。自斯以上,皆内篇也。

释氏之教,实彼中土,讲说讽味,方轨孔籍。王氏虽载于篇,而不在志限,即理求事,未是所安。故序佛法录为外篇第一。

仙道之书,由来尚矣。刘氏神仙,陈于方技之末;王氏道经,书于《七志》之外。今合序仙道录为外篇第二。

王则先道而后佛,今则先佛而后道;盖所宗有不同,亦由其教有深浅也。凡内外两篇,合为《七录》。

据上所引,阮氏分类之法,实较王氏为精善,故梁任公称其分类颇近科学的,视前后诸家皆优长。图书大辞典簿录之部七录条

阮氏分隶之理由已如上述,兹更略论其分类之优点。

一、分类之合理 《自序》说:"今撰《七录》,斟酌王刘。"其实阮氏之分类,很有超过王刘之处。如将史传独立为一录,图谱之并入各类,都是十分合理的。

二、能适应环境 佛道二书,王俭虽列于《七志》之末,但不在其限,即理求事,未安所安。阮氏为适应当时环境起见,故列佛道二录于外篇,既有固定之位置,复可与其余五录有别,如斯之类,诚为得体。

三、类目之细密 史部离经而独立,此在荀勖《中经》即然,然其细目之厘订,实始于阮氏《七录》。即以后世称为刘班后唯一杰作之《隋书经籍志》而论,其史部之子目,亦多因缘于此,兹列表于下,以资比较。

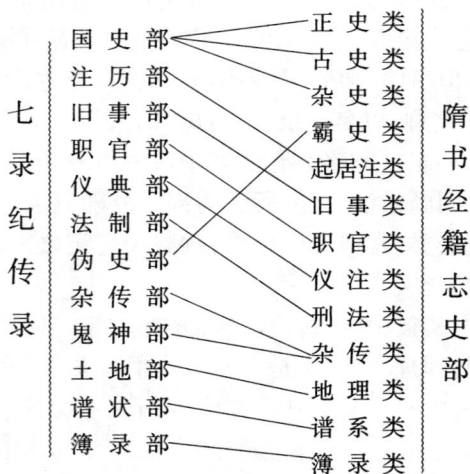

七录纪传录		隋书经籍志史部
国 史 部	→	正 史 类
注 历 部		古 史 类
旧 事 部		杂 史 类
职 官 部		霸 史 类
仪 典 部		起 居 注 类
法 制 部		旧 事 类
伪 史 部		职 官 类
杂 传 部		仪 注 类
鬼 神 部		刑 法 类
土 地 部		杂 传 类
谱 状 部		地 理 类
簿 录 部		谱 系 类
		簿 录 类

据表所列,《隋志》史部仅分《七录》纪传录之国史部为正史,

40

古史二类;并鬼神部入杂传部而为杂传类;又增加杂史一类;其余惟改变其名称而已。

上列三点,不过就其大者而言,余如史传一类,前人分类,或出或入,或前或后,至此始确定为一专部,居于经典之后。文集或称诗赋,或称文翰,至此始有定称。而所分子目,后世大都奉为圭臬,引为参证;虽不免略有增损,然总跳不出他的范围。

《七林》 许善心撰。《隋书本传》说:"善心字务本,高阳北新城人。幼聪明,有思理,所闻辄能记诵,多闻默识,为当世所称。高祖十七年(五九七)除秘书丞。于是秘藏图籍,尚多淆乱,善心仿阮孝绪《七录》,更制《七林》,各为总序,冠于篇首。又于部录之下,明作者之意,区分其类例焉。"

《七林》一书,《隋唐志》俱未著录,其可考见厓略者,仅《本传》所载数行而已。按《七略》而后,踵例成书者,宋有王俭,梁有阮孝绪,然于学术之流别,作者之旨趣,很少发明。许氏生当杨隋,去古已远,犹能独注重于篇首之总序,作者之意旨,既规王阮之余,兼存辑略之意,则其承先启后之功,实未可泯。惜乎其书已佚,不独分门创义,无可窥寻,即此书之卷数,亦无从考溯矣。

总之,凡百事物改革之初,新者既取旧者而代之矣。而旧者亦必思奋起而与之抗。学术变迁之迹,何独不然?惟旧者既鉴于致败之原,自不能坚持旧有之成法,皆思有以易之。其优者固当保存,徒以学术之变迁,时代之递遭,必当采取新制以损益之,庶足关新者之口而坚其壁垒,方足与新者相辅而行。目录学研究页二三此四部之法虽确定于魏晋,盛于宋后,而齐梁之间,尚有规复刘氏《七略》之旧的最大原因。

（注一）七录至宋尤袤《遂初堂书目》尚著录。知南宋时全书犹存,佚在何时,已难确指矣。

本章重要参考书

章太炎:《诸子学略说》,见《章太炎文钞》。

姚名达:《目录学历史篇》。

梁启超:《图书大辞典簿录之部》,见《图书馆学季刊》四卷三四期合刊。

黄文弼:《对于改革中国图书部类之意见》,见《图书馆学季刊》一卷三期。

汪国垣:《目录学研究》。

蒋复璁:《中国图书分类问题之商榷》。

第三章 四部分类法之统一

一 概 论

图书分类法之互竞,已略如前章所述,然自唐代以后,则渐成定于一尊之势。后世多以《隋书经籍志》为四部法之目录,称为班氏后之杰作。今考其书,不用甲乙丙丁之名,虽分全志为四卷,然第四卷之标目为集及道经佛经。又核《隋志》之例,每类之末,例有总结,云:某类之书若干部,若干卷。部之末亦然。今其于经史子集道书佛书均各一一记其总数,而于集之后,复大书"凡四部经传三千一百二十七部,三万六千七百八卷"。后乃略录道书佛书之数,又合之曰,道佛书若干部若干卷。然后于卷末总结之曰:"大凡经传存亡及道佛六千五百二十五部,五万六千八百八十一卷。"由此观之,则道佛书与经传为对待,经传中乃分四部耳。然则《隋志》固以为道佛之书,不在四部之内也。就书籍全部言,实分经史子集道书佛书六部。此甚近于阮氏《七录》,而与后世四部之法不甚尽同也。至《旧唐志》始立甲经、乙史、丙子、丁集之名,以道佛之书归入子部。后世沿其例。于是四部之法,乃应用于书籍全体。至是四部之制,始完全确定。《旧唐志》固取材于开元之《四部书目》者,故欧阳修谓四部之制始于唐也。[注一]自此以往,历代官编私撰,及史家目录之分类,虽其类目颇有变更,然大都以四部为大纲,千余年来,莫敢或违,故本时期实可称为四部分类之鼎盛时期也。

四部分类法所以有千余年之悠久历史与威权者，非其制度本身之完善，足以号召，而实由政府之势力得以推行也。考荀勖李充所编制者，皆为秘阁书目，因其地位关系，自不免受一部人之信仰；而况官场积习，善于奉行，惮于改易。故江左各朝之悉遵四部者，非必其法果善，其势然也。然而不足以服学者。不然，以躬造《永嘉四部目录》之王俭，何以复为《七志》，规复刘氏之意。即以定一尊于四部之宋代而言，亦有于四部之外另谋途径者。如李淑郑樵郑寅庄蓼塘，及明之陆深等是。兹请略述于次：

李淑字献臣，丰人。有《邯郸图书志》十卷。其分类于经史子集外，复列艺术志、道志、书志、画志四类，通为八目十卷，号《图书十志》。胡应麟谓李氏类例，于四部之外，更列四目，亦阮氏外篇之意。然书画一类，分为二门；有道书而无释典，不可晓也。

郑樵字渔仲，莆田人。著《通志》十二略，其《艺文》一略，分图书为十二类。详见后篇。

郑寅字子敬，樵从孙。有《郑氏书目》七卷。其类目据陈振孙《直斋书录解题》谓："以所藏书为《七录》，曰经，曰史，曰子，曰艺，曰方技，曰文，曰类。"此可见郑氏之类例，大都因缘《阮录》。其不同者，仅将术技仍分为二，删去道佛二录，增一类录而已。唐以后官私分类之以七分为原则者，盖即郑氏一家。

庄肃字恭叔，号蓼塘，上海人。尝为宋秘书小史，其家蓄书数万卷，且多手钞者。其分类于经史子集外，复有山经、地志、医卜、方技、稗官、小说六目。书目则分甲乙丙丁戊己庚辛壬癸以别之。^(注二)

陆深，初名荣，字子渊，号俨山，上海人。弘治进士，官至詹事府詹事，卒谥文裕。将所藏图书分为经，性理，史，古书，诸子，文集，诗集，类书，杂史，诸志，韵书小学，医艺，杂流十三类。

综上所述，则四部分类虽盛行于我国，然其仅为官守故常，非图书分类之正轨，于斯可见矣。况其制由来已久，用久即觉其便，

44

觉便则以为善,此人之同情也。而历代著录之家,但循成规,依旧轨,于其所短,漫然不察,是以无非难之论,四部之制,乃得垂千余年矣。^(注三)

（注一）（注三）参看刘国钧《四库分类法之研究》,在《图书馆学季刊》一卷三期。

（注二）见陶宗仪《辍耕录》及陈继儒《太平清话》。

二　史家的分类

正史立艺文志,始于班固之《汉书》,其分类法为刘氏《七略》。自是而后,史家之为图书簿录者,唐有《隋书经籍志》,后晋有《唐书经籍志》,宋有《唐书艺文志》,元有《宋史艺文志》。别史则有宋郑樵之《通志艺文略》,马端临之《文献通考经籍考》,^(注一)而拟史之属,则有明焦竑之《国史经籍志》等,其分门别类,或仍《七录》之制,或依四部之法,或于二者之外,另寻途径,要皆一时之首屈,足供吾人之参考。兹请分述于后。

《隋书经籍志》

唐武德五年(六二二)克平伪郑,尽收其图书及古迹焉。命司农卿宋遵贵监运东都,载之以船,泝河西上。行经砥柱,多被漂没,其所存者,十不一二。其目录亦为所渐濡,时有残缺,贞观间,长孙无忌等始考见存,分为四部,合条为一万四千六百六十六部,有八万九千六百六十六卷,成《经籍志》四卷。自序说:

远览《马史》《班书》,近观《王志》《阮录》,挹其风流体制,削其浮杂鄙俚,离其疏远,合其近密,约文绪义,凡五十五篇,各列本条之下,以备经籍志。

据上所引,可知《隋志》经籍虽以四部为纲,然其细目,仍多采用刘班及王阮,兹条举于下:

一、渊源刘班者 《隋志经部叙录》说:"班固列六艺为九种,或以纬书经解,合为十种。"《史部叙录》说:"班固以《史记》附《春秋》,今开其事类,凡十三种,别为史部。"《子部叙录》说:"《汉书》有诸子、兵书、术数、方技之略,今合而叙之,为十四种,谓之子部。"《集部叙录》说:"班固有诗赋略,凡五种,今引而伸之,合为三种,谓之集部。"此可知《隋志》之分类,仅是因《七略》而加以增删而已。

二、根据王氏者 王俭《七志》,六志收书,一志收图谱,而以道经与佛经,各为一录,虽继《七志》之后,而不在其数。《隋志》亦仿此例,以道佛之书附于四部之末。《叙录》说:"道佛者,方外之教,圣人之远致也;俗士为之,不通其指,多离以迂怪,假托变幻乱于世,斯以为弊也。故《中庸》之教,是所罕言,然亦不可诬也。故录大纲,附于四部之末。"

三、采用阮氏者 《隋志》分类,不独大纲根据《七录》,即细目亦多采用阮氏,很少增删。如经部《阮录》分九部,《隋志》则将《阮录》术技录纬书一部,改隶经部,合为十类。史部分《阮录》之国史为正史古史二类;并杂传鬼神二部为杂传一类;另立杂史一类;改注历部为起居注类,仪典部为仪注类,法制部为刑法类,土地部为地理类,谱状部为谱系类,伪史部为霸史类。至于子部,则合《阮录》之子兵,术技二录而成,子兵一部删去阴阳一门;术技部除天文类与《阮录》相同外,谶纬则改入经部,杂艺则删去,历算改为历数;五行类则合《阮录》之五行、卜筮、杂占、形法四部而成;医方类则合《阮录》之医经,经方二部而成。集部除将《阮录》之杂文部并入总集外,余均相同。兹列其类目于后:

经部 易 书 诗 礼 乐 春秋 孝经 论语 纬书

　　　　　小学

史部　正史　古史　杂史　霸史　起居注　旧事　职官
　　　　仪注　刑法　杂传　地理　谱系　簿录

子部　儒　道　法　名　墨　纵横　杂　农　小说　兵
　　　　天文　历数　五行　医方

集部　楚辞　别集　总集

附道经　经戒　服饵　房中　符箓

附佛经　大乘经　小乘经　杂经　杂疑经　大乘律　小乘
　　　　律　杂律　大乘论　小乘论　杂论　记

　　《隋志》部类，虽多依阮氏《七录》，然阮氏以术技与诸子分隶，犹不失刘氏家法，书之本义，尚未尽忘也。且其以兵书附子末者，盖以兵书缺少，不足别录，因而附之子末，实未有与诸子抗衡之意，故虽略变刘例，而推其本原，尚不失《七略》之遗意。学术之流别，尚可考而知也。至于《隋志》，合术技兵于子部，《七录》之精神既失，辨章学术之微意，亦不复存矣。兹总括其弊，略论其对于后世之影响。

　　一、分类中寓褒贬之意　　分类法所以总括群籍，辨章学术，部次条别，便于用也。故类例之厘订，应以客观之态度，作平衡之支配，绝不可有所轩轾也。《隋志》之分类，大都存一种由六朝遗传来之卫道观念，如以：

　　经籍也者，机神之妙旨，圣哲之能事。所以经天地，纬阴阳，弘道德，显仁足以利物，藏用足以独善，学之者将殖焉，不学者将落焉。大业崇之，则成钦明之德；匹夫克念，则有王公之重。其王者之所以树风声，崇显号，美教化，移风俗，何莫由乎斯道。

　　故对于旧录所取，文义浅俗，无益礼教者，并删去之；其旧录所遗，辞义可采，有所弘益者，咸附入之。自述又谓："虽未能研几探赜，穷极幽隐，庶乎弘道设教，可以无遗阙焉。"此足见其分类之主要目的，本在于显扬其所谓圣道，故于道佛之书，目为方外之教，圣人之远致，而附于四部之末。由此而论，《隋志》既未能存辨章学术之微意，复挟卫道之见，为是非之准，寓褒贬之意，是分类之原理根本已误，其他不问可知矣。此种观念，至清代纪昀之《四库总目》则更为显然，当于后章论之。

二、分类以体不以义　典籍之分类，不外"体"、"义"二种，前已言及。辨义始于刘氏，崇体则始于《隋志》也。不求学术之本，惟图书之体裁是从，故集部之中有子体，子部之中入史书，同一类也，而彼此歧出；一部之中，各家纷陈，致使古籍失其价值，读者昧于统纪，学者欲于图书中，求学术系统，诚戞戞乎难之也。如《高僧名僧》诸传，列入史部杂传记内；《内典博要》《因果记》列入子部杂家类。上列各书，义从于佛，佛家既有专类，宜以类从，而乃列之子史。又如以杂钞类书等附入杂家，开后世杂家之谬。只知别部类，不知辨学术，开后世以体不以义之例，皆《隋志》之作俑也。(注二)

三、分隶图书认名不认书　郑樵《校雠略》说："编书之家，多是苟且，有见名不见书者……《尉缭子》兵书也，班固以为诸子类，实于杂家，此之谓见名不见书。《隋唐志》仍之，至《崇文总目》始入兵书。"又如《周易》王弼注连韩康伯《系辞》也。现已列于注中，而又出次韩康伯《周易系辞》二卷于桓玄谢万等之后。既列干宝《周易》十卷于注中，而又出干宝《周易爻义》于崔觐所撰之后，且梁武帝之《周易讲疏》《周易系辞》，义与疏名异而实同，或列入彼，或出于此。既同为一人，同主一义，因其题名之不同，任意割裂，开后世认名不认书之弊，亦《隋志》之咎也。(注三)

关于《隋志》之优劣，论者不一，郑樵《校雠略》说："晋隋二志，高于古今，而《隋志》尤详明也。"《四库总目》又说："《经籍志》编次无法，述经学源流，每多乖误。如以《尚书》二十八篇，为伏生口传，而不知伏生自有书，教齐鲁间。以《诗序》为卫宏所润益，而不知传自毛亨。以《小戴礼记》有《月令》《明堂位》《乐记》三篇，为马融所增进,而不知刘向《别录礼记》已载此三篇。在十志中为最下。"平心而论,隋唐以前之典籍,十九都已散亡,所藉以考见源流,辨别真伪,以及四部分类最早最详之目录,仅赖是书之存。故吾人不必泥于《四库》抨击之成见,而轻致訾议也。

《旧唐志》与《新唐志》

《旧唐志》为后晋刘昫等所撰,其取材虽以《开元四部书目》为准,然其分门别类,亦多本之《隋志》,而略加变更。如经部增经解诂训二类,而并纬书于经解。史部改古史为编年,霸史为伪史,旧事为故事,谱系为谱牒,簿录为目录。子部则增入杂艺术、事类、经脉三类,而改历数为历算,医方为医术,其他则皆相同。兹列其类目于下:

甲部经录　易　书　诗　礼　乐　春秋　孝经　论语　经杂解　诂训　小学

乙部史录　正史　编年　伪史　杂史　起居注　故事　职官　杂传　仪注　刑法　目录　谱牒　地理

丙部子录　儒家　道家　法家　名家　墨家　纵横家　杂家　农家　小说　天文　历算　兵书　五行杂艺术　事类　经脉　医术

丁部集录　楚辞　别集　总集

《旧唐志》所列类目,虽与《隋志》略同,然其不当之处,实较《隋志》为多。如以纬书与经解合列,则未能识其系统,既列诂训一类,乃复别出小学一类。升伪史于杂史之前,既失《隋志》之精神,退仪注于杂传之后,复失轻重之平衡。而图书之分隶,尤多乖误,即以子录一部而言,其谬误之多,实为以前各志所未有。兹概括其谬点,条举数则为例。

一、并释于道之不当　释道二教,实不同科,混而列之,颇乖名实,《阮录》《隋志》,别为一部,其义可从。《唐志》以古无佛家,遂并佛书于道家,如以《法苑》《修多罗法门》等列入道家,诚大谬也。

二、神仙老庄不分 道者,盖万物之奥,圣人之至赜也。其长在于秉要执本,清虚以自守,卑弱以自持,故班固谓其合于尧舜之克让。而神仙则所以保性命之真,而游求于其外者,非圣王之所以教也,故孔子曰:"索隐行怪,后世有述焉,吾不为之矣。"是二者绝不可同日而语。然《旧唐志》则以二者同隶道家之下,如《老君科律》《老子消水经》之类是也。

余如《相马》《相鹤》《相牛》诸书,本无关于农事,乃竟列入农家。《四时月令》之书既可入之农家,而《荆楚岁时记》《四时录》则又入于杂家。既别立事类以位类书,而《博览群书理要》,复入之杂家。总之,《隋志》主体,已失学术之本;今并《隋志》尚体之法,而亦亡之。则所谓目录者,只可曰簿记之书,聊以备遗亡而已。^(注四)

《新唐书艺文志》为欧阳修等所撰。其分类又与《旧志》微有出入。如经部立谶纬一类于论语之后,并诂训入小学,史部改杂传为杂传记。子部改事类为类书类,经脉为明堂经脉类,余无更改。至其分类之当否,兹亦略举数事以概其余。

一、类名之不妥 分类应有简明之类名,前章已略论及。考旧志经录杂经解类,即《四库总目》之五经总义类也。而《新志》删去"杂"字,则不见其为群经矣。又史部正史中分通史于集史之外,为例较《隋志》及《旧志》为善。然集史二字,不如断代史之显明。

二、归类之不妥 任子《道德论》,杜夷《幽求》,皆道家名理之言也,而以之入神仙,可称不伦。子部杂家,《旧志》入杂钞之书,已失其系,《新志》并《蒙求》而亦入之,则适所以成其杂乱也。

总之,隋唐诸志,皆主体而不主义,故其部类皆转相钞袭,于一代学术之升降,书籍之兴废,皆不可考。其编次之失序,分隶之乖乱,则又其次者也。

《宋史艺文志》

元脱脱所撰。自序称："宋旧史自太祖至宁宗为书凡四,志艺文者,前后部帙有亡增损,互有异同,今删其重复,合为一志,益以宁宗以后史之所未录者,仿前史分经史子集四类而条列之,大凡为书九千八百十九部,十一万九千九百七十二卷。"实则咸淳以来,尚多阙漏。至其分类,大都依据《唐志》而略加损益,兹列其类目于下:

经部　易　书　诗　礼　乐　春秋　孝经　论语　经解　小学

史部　正史　编年　别史　史钞　故事　职官　传记　仪注　刑法　目录　谱牒　地理　霸史

子部　儒家　道家^{释氏及神仙附}　法家　名家　墨家　纵横家　农家　杂家　小说　天文　五行　蓍龟　历算　兵书　杂艺术　类事　医书

集部　楚辞　别集　总集　文史

《宋志》编次之草率,类目之谬误,前人已有言之者矣。即就本志观之,其可议者亦不复少。如以《史记》《汉书》《老子》之音义入于经部小学类,其牵强难安,足见一般。盖《史》《汉》《老子》既各有专类,自应以类相从,今乃悉入小学,是总别皆不分也。又如史部正史一类,多收纪传之书。删《唐志》之起居注一类,而以起居注,实录之书,总入编年。乃至年表,纪事本末,通鉴诸书,亦入其中。夫编年为撰述,起居注为记注,性质绝不相同,而乃混合为一,不学无识,亦何可讥。且其分类,尤多重出,如赵晔《吴越春秋》,司马彪《九州春秋》,既入别史,而又出之霸史。^(注五)晁公武《读书志》四卷,既入史部目录类,而传记传类又有晁公武《读书志》二十卷。其误,盖《读书志》南宋时已有袁衢二本,详略各异,遂疑为二书；且不复稽其异同，审其体例，竟至前后重出，徒占篇幅，^(注六)总之，《宋史》本出元初馆臣之手，草率冗滥，已无可掩饰。而《艺文》一志，又因宋高宗误用郑樵之言，删除《崇文总目》之序释，以致学术源流，多不可考，因而纰漏颠倒，瑕隙百出，故《四库总目》称为诸史志中最丛脞之作。

《通志艺文略》

中国图书分法至郑樵可称为一大进步。盖郑氏既不受四部之影响，复不拘于《七略》之成例，而大胆的改为十二类。《总序》说："学术之苟且，由源流之不分；书籍之散亡，由编次之失纪。《易》虽一书，而有十六种学：有传学，有注学，有章句学，有图学，有数学，有谶纬学，安得总言《易》类乎？《诗》虽一书，而有十二种学：有传学，有注学，有图学，有谱学，有名物学，安得总言《诗》类乎？道家有道书，有道经，有科仪，有符箓，有吐纳内丹，有炉火外丹，凡二十五种，皆道家，而浑为一家，可乎？"故他的分类是：

经类第一

易　古易　石经　章句　传　注　集注　义疏　论说　类
　　例　谱　考证　数图　音　谶纬　拟易

书　古文经　石经　章句　传　注　集注　义疏　问难
　　义训　小学　逸篇　图　音　读书　谶纬　逸书

诗　石经　故训　传　注　义疏　问辨　统说　谱　名物
　　图　音　纬学

春秋　经　五家传注　三传义疏　传论　序　条例　图
　　　文辞　地理　世谱　年系　音　谶纬

国语　注解　章句　非驳　音

孝经　古文　注解　义疏　音　广义　谶纬

论语　古论语　正经　注解　章句　义疏　论难　辨正
　　　名氏　音释　谶纬　续语

尔雅	注解	图	音	义	广雅	杂尔雅	释言	释名
	方言							
经解	经解	谥法						

礼类第二

周官	传注	义疏	论难	义类	音	图		
仪礼	石经	注	疏	音				
丧服	传注	集注	义疏	记要	问难	仪注	谱	图
	五服图仪							
礼记	大戴	小戴	义疏	书钞	评论	名数	音义	中
	庸	谶纬						
月令	古月令	续月令	时令	岁时				
会礼	论钞	问难	三礼	礼图				
仪注	礼仪	古礼	宾礼	军礼	嘉礼	封神	汾阴	诸
	礼仪注	陵庙制	家礼祭仪	东宫仪注	后仪	王		
	国州县仪注	朝会仪	耕籍仪	车服	国玺	书仪		

乐类第三

乐书	歌舞	题解	曲簿	声词	钟磬	管弦	舞
鼓吹	瑟	谶纬					

小学类第四

小学	文字	音韵	音释	古文	法书	蕃书	神书

史类第五

正史	史记	汉	后汉	三国	晋	宋	齐	梁	陈	后
	魏	北齐	后周	隋	唐	通史				
编年	古魏史	两汉	魏吴	晋	宋	齐	梁	陈	后魏	
	北齐	隋	唐	五代	运历	纪录				
霸史										
杂史	古杂史	两汉	魏晋	南北朝	隋	唐	五代	宋		
起居注	起居注	实录	会要							

故事

职官

刑法 律 令 格 式 敕 总类 古制 专条 贡举
断狱 法守

传记 耆旧 高隐 孝友 忠烈 名士 交游 列传 家
传 烈女 科第 名号 冥异 祥异

地理 地理 都城宫苑 郡邑 图经 方物 川渎 名山
洞府 朝聘 行役 蛮夷

谱系 帝系 皇族 总谱 韵谱 郡谱 家谱

食货 货宝 器用 豢养 种艺 茶 酒

目录 总目 家藏总目 文章目 经史目

诸子类第六

儒术

道家 老子 庄子 诸子 阴符经 黄庭经 参同契 目
录 传记 论书 经 科仪 符箓 吐纳 胎
息 内视 导引 辟谷 内丹 外丹 金石药 服
饵 房中 修养

释家 传记 塔寺 论议 铨述 章钞 仪律 目录 音
义 颂赞 语录

法家

名家

墨家

纵横家

杂家

农家

小说

兵家 兵书 军律 营阵 兵阴阳 边策

天文类第七

54

天文　　天象　　天文总占　　竺国天文　　五星占　　杂星占　　日
　　　　　月占　　风云气候占　　宝气
　　历数　　正历　　历术　　七曜历　　杂星历　　刻漏
　　算术　　算术　　竺国算法
五行类第八
　　　　　易占　　轨革　　筮占　　龟卜　　射覆　　占梦　　杂占　　风角
　　　　　鸟情　　逆刺　　遁甲　　太一　　九官　　六壬　　式经　　阴阳
　　　　　元辰　　三命　　行年　　相法　　相笏　　相印　　相字　　堪舆
　　　　　易图　　婚嫁　　产乳　　登坛　　宅经　　葬书
艺术类第九
　　　　　艺术　　射　　骑　　画录　　画图　　投壶　　弈棋　　博塞　　象
　　　　　经　　樗蒲　　弹棋　　打马　　双陆　　打毬　　彩选　　叶子格
　　　　　杂戏格
医方类第十
　　　　　脉经　　明堂针灸　　本草　　本草音　　本草图　　本草用药
　　　　　采药　　炮炙　　方书　　单方　　胡方　　寒食散　　病源　　五
　　　　　藏　　伤寒　　脚气　　岭南方　　杂病　　疮肿　　服药　　口齿
　　　　　妇人　　小儿　　食经　　香薰　　粉泽
类书类第十一
文类第十二
　　　　　楚辞　　别集以朝代细分　　总集　　诗总集　　赋　　赞颂　　箴
　　　　　铭　　碑碣　　制诰　　表章　　启事　　四六　　军书　　案判
　　　　　刀笔　　俳谐　　奏议　　论　　策　　书　　文史　　诗评
　　综上所列类目,可知郑氏是很有意于创造。如不用四部之名
称,将《礼》《乐》《小学》各立一类,已隐含有打破经部书籍之倾
向。而特标天文、五行、类书、艺术各成一类,与子部并行,尤为有
识。虽其所区部类,不免有繁琐细碎之处,但如果能细心绎,未
尝不可以凌跨前人,可惜郑氏恃其睨睥一世之才,高视阔步,不能

详检其类目,商榷其分隶,因而往往未能精密,致后人多所讥弹,此诚渔仲之失也。

不过,如果严格的说,则郑氏之分类,在分类史上,仍不失为一大进步。兹请略论其对于分类上之贡献。

一、分类贵有条理　他说:"类书犹持军也,若有条理,虽多而治;若无条理,虽寡而纷;类例不患其多,患处多之无术耳。"此为近代言分类者一大原则。虽郑氏仅知其故而未得其法,以记号定部次但在那时有此见解,也是难能可贵的事。

二、分类宜细密　他说:"学术之苟且,由源流之不分;书籍之散亡,由编次之失纪。"又说:"经一类分九家,九家有书八十八种,以八十八种书而总为九种书可乎?《易》本一类,以教不可合于图,图不可合于音,谶纬不可合于传注,故分为十六种。《诗》本一类也,以图不可合于音,音不可合于谱,名物不可合于训诂,故分为十二种。《礼》虽一类。而有七种,以《仪礼》杂于《周官》可乎?《春秋》虽一类,而有五家,以《啖赵》杂于《公榖》可乎?《乐》虽主于声音,而歌曲与弦管异事。小学主于文字,而字书与韵书背驰。编年一家,而有先后。文集一家,而有合离。日月星辰,岂可与风云气候同为天文之学;三命元辰,岂可与九宫太一同为五行之书。以此观之,《七略》所分,自为苟简,四库所部,无乃荒唐。"校雠略此可见郑氏之分类,是以细密为原则,如五行一类,所列子目竟有三十之多,可为明证。

三、分类图书应以内容为主　他说:"古之编书,以人类书,何尝以书类人哉! 人则于书之下注姓名耳。《唐志》一例削注,一例大书,遂以书类人。且如别集自是一类,总集自是一类,奏集自是一类,《令狐楚集》百三十卷,当入别集类。《表奏》十卷,当入奏集类。如何取类于《令狐楚》,而别集与奏集不分。皮日休《文数》千卷,当入总集。《文集》十八卷,当入别集类。如何取类于皮日休,而总集与别集无别。诗自一类,赋自一类,陆龟蒙有诗十卷,赋六

56

卷,如何不分诗赋,而取类于陆龟蒙。"校雠略据此,可知郑氏分类之见解,应以书之内容,各入其类。

四、同类之书必归入一类　学之不专者,为书之不明;书之不明者,为类例之不分也。类例若分,学术自明,以其先后本末具在也。观图谱者,可以知图谱之所始;观名数者,可以知名数之相盛。故"一类之书,当集在一起,不可有所间也"。校雠略是郑氏对于分类一道,确有卓人之识。时至今日,言分类者,亦莫不以此为原则也。

五、分类时要细看内容　他说:"编书之家,多是苟且,有见名不见书者,有看前不看后者。《尉缭子》兵书也,班固以为诸子类,置于杂家,此之谓见名不见书。按崇文总目改入兵家类颜师古作《刊缪正俗》,乃杂记经史,惟第一篇说《论语》,而《崇文总目》以为论语类,此之谓看前不看后。"按《刊缪正俗》当入经解类,此足见郑氏之主张,分类时宜细看书之内容,而后始可适入其类也。

综上所论,则郑氏分类之理论,可谓十分精深。所著《校雠略》一书,其内容之精奥,是值得吾人十分注意的。

《文献通考经籍考》

宋末马端临继杜佑《通典》而作《文献通考》三百四十八卷,书中有《经籍考》七十六卷,最为繁富。盖以皇祐间王尧臣等所编之《崇文总目》,虽皆论列其下,然止及经史,而亦多缺略,子集则但有其名目而已。故为是书以继之。《自序》云:"所录诸书,先以四代史志列其目,其存于近世而可考者,则采诸家书目所评,并旁搜史传文集杂记诗话,凡议论所及,可以记其著作之本末,考其流传之真伪,订其文理之纯驳者,则具载焉。"观此,则马氏之书,不过排比旧文,博采众说,以供后学之稽考而已,故其分门别类,多本陈氏之旧,出入甚少。兹列其类目于后:

经部　易　书　诗　礼　春秋　论语　孟子　孝经　经解
乐　仪注　谥法　谶纬　小学

史部	正史	编年	起居注	杂史	杂传	伪史	霸史
	史评	史钞	故事	职官	刑法	地理	时令	谱
	牒	目录
子部	儒家	道家	法家	名家	墨家	纵横家	杂家
	小说	农家	天文	历算	五行	占筮	形法	兵
	书	医	房中	神仙	释氏	类书	杂艺术
集部	楚辞	别集	诗集	歌词	章奏	总集	文史

马氏之书，既于类例更定，书旨之研讨，并无若何之发明，故后人颇有轻视马氏，鄙为类书者。^(注七)实则马氏之作《经籍考》，于诸家之误，亦尝有见于此，而其所以不敢改者，盖徒见名而不能见其书，固无由见其分隶之得失也。《文献通考》云："前史著录，若一一考订，改而正之，则既不欲以臆见改前史之旧文，且所录诸书，盖有前史仅存其名，晚学实未尝见其书者，则亦无由知其编类之得失，是以姑仍其旧。"又马氏于夹漈《通志略》，曾讥其"高自称许，而所自为则不堪检点"。_{经籍考二八卷}可知马氏颇有自知之明，而不欲矫然立异，当胜于鲁莽灭裂者耳。

《国史经籍志》

明万历间，大学士陈于陛议修国史，欲焦竑专其事，竑逊谢，乃先撰《经籍志》。其他率无所撰，馆亦竟罢，故仍以国史为名。焦氏号称淹博，故其所撰，颇具法度。全书类例，大抵根据郑樵，而以御制及中宫之著作，记注，时政，敕修诸书列于首，称为制书类。余则分经史子集四类。末附《纠缪》一卷，则为驳正《汉书》《隋书》《唐书》《宋史》诸艺文志，及《四库书目》_{唐之书目}《崇文总目》、郑樵《艺文略》、马端临《经籍考》、晁公武《读书志》诸家分类之误。兹录其细目于下：

制书类

御制　中宫御制　敕修　纪注时政

58

经类

易　古易　石经　章句　传注　集注　疏义　论说　类例
　　谱　考正　数　图　音　谶纬

书　石经　章句　传注　集解　疏义　问难　图谱　名数
　　音　纬候

诗　石经　故训　传注　义疏　问辨　统说　名物　音
　　纬

春秋　石经　左氏　公羊　谷梁　通解　志难　论说　条
　　例　图谱　音　纬　外传

礼　周礼　仪礼　丧礼　二戴礼　通礼

乐　乐书　歌词　曲簿　声调　钟磬　管弦　舞　鼓吹
　　琴

孝经　古文　传注　义疏　考正　广义　音

论语　古文　正经　传注　义疏　辨正　名氏图谱　音释
　　续语　纪事　庙典

孟子

总经解

小学　书　数　近世蒙书

史类

正史　史记　汉　后汉　三国　晋　宋齐梁陈　后魏北齐
　　后周隋　唐　宋　辽金元　通史

编年　古魏史　两汉　三国　六朝　北朝　隋　唐　运历
　　纪录

霸史

杂史　古杂史　两汉　魏晋　南北朝　隋　唐　五代　宋
　　金元

史官记注　实录　时政纪

故事

职官

时令

食货　货宝　器用　酒茗　食经　种艺　豢养

仪注　礼仪　吉礼　凶礼　宾礼　军礼　嘉礼　封禅　汾
阴　明堂　陵庙　东宫　后妃　王国　州县　会朝
耕籍　车服　谥法　国玺　家礼　射仪　书仪

法令　律　令　格　式　敕　总类　古制　专条　贡举
断狱　法守

传记　耆旧　孝友　忠烈　名贤　高隐　家传　交游　烈
女　科第　名号　冥异　祥异

地理　地理　都城宫苑　郡邑　图经　方物　川渎　名山
洞府　朝聘　行役　蛮夷

谱系　帝系　皇族　总谱　韵谱　郡谱　家谱

簿录　总目　家藏总目　文章目　经史目

子类

儒家

道家　老子　庄子　诸子　阴符经　黄庭经　参同契　诸
经　传记　论　杂著　吐纳　胎息　内视　导引
辟谷　内丹　外丹　服饵　房中　修养　科仪　符
篆

释家　经　仪律　论　义疏　语录　倡颂　杂著　传记
塔寺

墨家

法家

名家

纵横家

杂家

农家

60

小说家

兵家　兵书　军律　营阵　兵阴阳　边策

天文家　天象　天文总占　天竺国天文　星占　日月占
　　　　风云气候物象占　宝气

历数　正历　历术　七曜历　杂星历　刻漏

五行家　易占　轨革　龟卜　射覆　占梦　杂占　风角
　　　　鸟情　逆刺　遯甲　太一　九宫　六壬　式经
　　　　阴阳　元辰　三命　相法　相笏　相印　相字
　　　　堪舆　易图　婚嫁　产乳　登坛　宅经　葬书

医家　经论　明堂针灸　本草　种采炮炙　方书　方单
　　　夷方　寒食散　伤寒　脚气　杂病　疮肿　口齿
　　　妇人　小儿　岭南方

艺术家　射　骑　啸　画录　投壶　弈棋　博塞　象经
　　　　樗蒲　弹棋　打马　双陆　打毬　彩选　杂戏

类书

集类

制诏

表奏

赋颂

别集　楚　汉　魏　蜀　吴　晋　宋　齐　梁　后魏　北
　　　齐　后周　陈　隋　唐　宋　元　明

总集

诗文评附

观上所列，可知焦氏之分类，其子目多半采自郑樵。至其必并
十二类为四部者，盖受宫书四部分类之影响也。《自序》云："若循
《七略》，多寡不均。故谢灵运任昉悉以刿例铨书，良谓此也。"观
于焦氏之言，则吾国历代图书分类唯一之弊，即在于求部类之整
齐，以多寡为原则。此实中国图书分类法所以无进步之最大原因

也。

关于《经籍志》之优劣，论者不一：章学诚云"明焦竑《国史经籍志》，其《纠缪》一卷，讥前代著录之误，虽其识力不逮郑樵，而整齐有法，去汰裁甚，要亦有可节取者焉"；校雠通义而《四库总目》则诋其"多分子目，颇以恒钉为嫌"，"其书丛钞旧目，无所考核，不论存亡，率尔滥载，古来目录，惟是书最不足凭；谲词炫世，贻误后生"。两者之言，各有理由，实则焦氏之法，固未精善，而《四库总目》之恣意丑诋，亦未免吹毛索瘢之讥也。

梁任公说："竑之学风，私淑郑樵。此书最用心者，乃在各类后之总论，及所附之《纠缪》一卷。意在辨正疏略，整理类别，虽学识不无偏驳，要亦自有创见。"^(注八)此诚持平之论也。

总之，吾国分类法自《七略》流为四部后，辨章学术之义渐失，目录家遂专以体裁为主，而不以学术为重。《隋志》去古未远，尚能于体例之中，得寓学术之意，^(注九)及至唐宋诸志，则并体裁而亦无之，大都转相抄袭，不加考核，故其次序之颠倒，分隶之乖乱，所在皆是也。

（注一）马氏《文献通考》《四库总目》入史部政书类，今从汪国垣《目录学研究》例，入别史类述之。

（注二）（注三）（注四）（注五）参考黄文弼《对于改革中国图书部类之意见》。

（注六）参考汪国垣《东湖读书记》。

（注七）见汪国垣《目录学研究》。

（注八）见梁著《图书大辞典籍录之部》，在《图书馆学季刊》四卷三四期合刊。

（注九）如子部虽合《阮录》子兵、术技二录而成，然其并合之次序井然，仍可窥见学术源流之大概，至唐宋诸志，始紊乱之也。

三　官家的分类

古代图书,惟藏国史,故国史所掌,即皇室之藏书也。史载孔子亦曾问礼于柱下史老聃,可为明证。秦虽燔灭文章,然博士所藏固在,故禁中亦或有藏书之所也。[注一]汉兴,改秦之败,大收篇籍,既除挟书之律,复开献书之路,故外则有太常、太史、博士之藏,内则有延阁、广内、秘室之府,官藏之富,亦云盛矣。成帝时,复命刘向等雠校群籍。向卒,哀帝复命向子歆继其业,于是概括群籍,总为《七略》,官藏目录,盖以此为首创焉。[注二]自此以往,代有著作,不胜枚举。唐后渐有雕板,典籍之流通,视前朝为广;而官藏之富,史称鼎盛,目录之作,更难指数。今略举唐之《群书四录》,宋之《崇文总目》,元之《秘书监志书目》,明之《文渊阁书目》四种,以概其余。

《群书四录》

《唐书艺文志》:"武德初有书八万卷,重复相糅,王世充平,得隋旧书八千余卷……贞观中,魏征虞世南颜师古相继为秘书监,请购天下书,选五品以上子孙工书者为书手,缮写藏于内库,以宫人掌之。"又《旧唐书令狐德棻传》:"时承丧乱之余,经籍亡逸,德棻奏请购募遗书,重加钱帛,增置楷书令缮写,数年间群书略备。"又《魏征传》:"贞观三年,迁秘书监,参领朝政。征以丧乱之后,典章纷杂,奏引学者校定四部书,数年之间,秘府图籍,灿然具备。"是唐初即已留意典籍,搜访秘文矣。

唐初文籍,虽称具备,然太宗所骋志在文辞,所钟嗜在翰墨。于经籍盖浮慕焉;未必如隋宋之竭力搜访也。故终贞观之世,绝无目录之修撰也。[注三]

唐代目录之盛，当以开元为最。《唐志序》云："开元三年（七一五）左散骑常侍褚无量、马怀素侍宴，言及经籍。上曰：内库皆是太宗高宗先代旧书，常令宫人主掌，所有残缺，未遑补辑，篇卷错乱，难于检阅。卿试为朕整比之。至七年，诏公卿士庶之家，所有异书，官借缮写。及四部书成，上令百官入乾元殿东廊观之，无不骇其广。时儒臣马怀素、褚无量颇有赓续王俭《七志》之志，部录未成，而马褚相继殂谢。元行冲总代其职。九年十一月，殷践猷、王惬、韦述、余钦、毋煚、刘彦贞、王湾、刘仲等重修，成《群书四录》二百卷，右散骑常侍元行冲奏上之。"今其书已久佚，无从考证。惟据《旧唐志》所称，分类多本《隋志》，无甚出入，兹列其类目于后。

　　经部　易　书　诗　礼　乐　春秋　孝经　论语　图纬
　　　　　　经解　训诂　小学
　　史部　正史　古史　杂史　霸史　起居注　旧事　职官
　　　　　　仪注　刑法　杂传　地理　谱系　略录
　　子部　儒　道　法　名　墨　纵横　杂　农　小说　兵法
　　　　　　天文　历数　五行　医方
　　集部　楚辞　别集　总集

《群书四录》一书之内容，固已无考，然据毋煚所称，则有五失：秘书省经书，实多亡阙，诸司坟籍，不暇讨论，此则事有未周，一也。其后周览人间，颇睹秘文，新集记贞观以前，永徽以来，不取近书；采长安之上，神龙以来未录，此则理有未宏，二也。书阅不遍，事复未周，或不详名氏，或未知部伍，此则体有未通，三也。书多阙目，空张第数，既无篇题，实乖标榜，此则例有所亏，四也。所用书序，咸取魏文贞，所分书类，皆据《隋经籍志》，理有未允，体有不通，此则事实未安，五也。旧唐志序引其余则以全书亡佚，无由窥测矣。

《群书四录》既有上述五失，故毋氏乃积思潜心，审正旧疑，详开新制，其永徽新集，神龙近书，则释而附之；未详各氏，不知部伍者,则论而补之;空张之目,则检获便增;未允之序,则详宜别作;纰缪咸正,混杂必刊,改旧传之失三百余条,加新书之目六千余卷,成《古今书录》四十卷。此唐代官书目中二钜著也。余如韦述《集贤书目》一卷,见唐志《唐四库搜访书目》一卷,《秘阁书目》四卷,见通志、艺文略《开成四部书目》见文宗本纪等,今皆亡佚无存,类例不见,无由窥测矣。

《崇文总目》

宋初有书万余卷,其后削平诸国,收其图籍,及下诏遣使购求散亡,三馆之书,始复增益。太宗太平兴国三年(九七八)始于左升龙门北建崇文院,徙三馆书以实之,正副本凡八万卷。端拱元年(九八八)又就崇文院中建秘阁,分三馆书万余卷贮其中。总其称曰馆阁,右文之意,亦云至矣。仁宗景祐元年(一○三四)新作崇文院成,^(注四)上以三馆秘阁所藏,或谬滥不全,命翰林学士张观,知制诰李淑、宋祁等看详,定其存废,讹谬者删去,漏略者补写。因诏翰林学士王尧臣、史馆检讨王洙、馆阁校勘欧阳修校正条目,讨论编次,仿唐《开元四部录》,加详著录。书成,于庆历元年(一○四一)十二月己丑上之,赐名《崇文总目》。凡六十卷,四十五类,三万六千六十九卷。官制行,罢馆职,以崇文院为秘书省,徽宗乃改名《秘书总目》。然自南宋以来,诸书援引,仍称为《崇文总目》,从其朔也。四库总目此书久佚,今无原本,所存辑本,如钱东垣之辑本刻在粤雅堂丛书及后知不足斋丛书内亦非其旧,故难见其全。兹据钱氏辑本,列其类目于下:

经部　易　书　诗　礼　乐　春秋　孝经　论语　小学

史部　正史　编年　实录　杂史　伪史　职官　仪注　刑
　　　法　地理　氏族　岁时　传记　目录

子部　儒家　道家　法家　名家　墨家　纵横家　杂家
　　　农家　小说　兵家　类书　算术　艺术　医书　卜

筮　天文占书　历数　五行　道书　释书

集部　总集　别集　文史

《崇文总目》既为馆阁合并著录之总目，故篇帙繁多，牴牾难免，诸家时有纠正。如黄伯思《东观余论》有十七条，焦竑《国史经籍志》有二十二条，而郑樵则专作《校雠略》以攻之。其攻击最重之处，为每书之下，皆有详细之说明，其言曰："《崇文总目》出新意，每书之下必有说焉。据标类自见，何用更为之说。且为之说也已自繁矣，何用一一说焉。至于无说者，或后书与前书不殊者，则强为之说，使人意怠。"至郑氏所以必去《总目》各书之说明者，据《四库总目》所说，全出于忌刻之心，其言曰：

> 郑樵作《通志》二十略，务欲凌跨前人，而《艺文》一略，非目睹其书，则不能详究原委。自揣海滨寒畯，不能窥中秘之全，无以驾乎其上，遂恶其害己而去之，此宋人忌刻之故智，非出公心。

此论之是否，姑不必论，但郑氏之"工诃古人，而拙于自用"，实非章学诚氏之狂言。而《校雠略》所攻诸点，虽其中亦有切中其失者，然平心而论，总在樵所作《艺文略》上十倍。四库简目

郑氏虽然攻击《总目》甚力，但对其优点，实未一笔抹煞，《校雠略》内也尝有这样一段话：

> 《崇文总目》，众手为之，其间有两类，极有条理，古人不及，后人无以复加也。道书一类有九节，九节相属，而无糅节。又杂史一类，虽不标别，然分上下二卷，即为二家，不胜冗滥。及睹《崇文》九节，正所谓大热而濯之以清风也。杂史一类，隋唐二志，皆不成条理，今观《崇文》之作，贤于二志远矣。此二类往往是一手所编，惜乎当时不尽以其书属之也。

总之，《总目》之分类，以卷帙之浩繁，虽不免微有牴牾与谬误，然数千年著作之目，总汇于斯，百世而下，藉以验存佚，辨真赝，核异同，固不失为册府之骊珠，艺林之玉圃也。四库总目

宋代整理官书，历世不怠，《总目》之后，代有钜著，如仁宗嘉祐六年（一〇六一）欧阳修等之《嘉祐馆阁书目》，^{（注五）}徽宗政和七年（一一一七）之《政和秘书总目》^{（注六）}等，大都为修补或重订《崇文总目》之作，其体例殆亦相同，惜皆久佚，无从考索矣。迨夫靖康之乱，馆阁之储，荡然靡遗。高宗移跸临安，建秘书省于国史院之右，访求遗阙，优赏献书，于是四方之藏，稍稍复出；而馆阁编辑，日益加富，故有《秘书省续编到四库阙书目》二卷，^{（注七）}其类例虽以经史子集为纲；然子目之分隶，皆异旧目，而图书之分类，歧出滥收，尤为纰缪。自是而后，又有孝宗时陈骙等所撰之《中兴馆阁书目》七十卷，《序例》一卷，及宁宗时张攀等所撰之《中兴馆阁续书目》三十卷，二书考证评论，皆有价值，不在《崇文总目》下也。^{（注八）}

《秘书监志书目》

元起朔漠，未遑文事。太宗八年，始用耶律楚材言，立经籍所于平阳，编集经史。世祖至元四年（一二六七）徙置京师，改名宏文院。九年，置秘书监，掌历代图书，并阴阳等禁书。及大兵南伐，命焦友直括宋秘书省禁书图籍。伯颜入临安，遣郎中孟祺籍宋秘书省、国子监、国史院、学士院图书，由海道运至大都，秘书所藏，彬彬可观矣。_{钱补元史艺文志序}

元代虽亦有经籍所、宏文院、秘书监之设，其所藏图书，又兼收金宋之贮，然终元之世，目录之作，则甚缺如。至正二年（一三四二）王士点、_{字继志，东平人}商企翁_{字继伯曹州人}合撰《秘书监志》十一卷。以秘监所藏，俱系金宋流传，及四方购纳。古书名画，虽不为少，然自至元迄今，库无定所，题目简秩，颇多紊乱，故将秘书省书库图籍，编类成号，置簿缮写，成书目二卷。其目并无书名及卷数，仅分在库书，先次送库书，后次发下书，续发下书，各若干部若干册而已。至其分类，则经史子集外，别标道书、医书、方书、类书、小学、志书、阴阳书、农书、兵书、释书、法帖等类。^{（注九）}自是而后，则有危素撰之《史馆购书目录》，毛文在之《上都分学书目》等，目见钱氏《元志》，其书皆佚，无从窥其内容矣。迨夫明初，撰修《元史》，又不列艺文一科，遂使一代秘阁所储，漫无稽考，可惜哉。

《文渊阁书目》

明太祖定元都，大将军徐达尽收奎章、崇文秘书图籍，及太常法服、祭器、仪象、版籍，归之于南。复诏求四方遗书，设秘书监丞。十三年(一三八〇)从吏部之请罢之，而以其职归之于翰林典籍。永乐四年(一四〇六)复命礼部尚书郑赐遣使访购，惟其所欲与之，勿较值。既建都北京，诏修撰陈循取文渊阁所贮书籍，自一部至百部之多者，各取其一，得百柜，运致北京。仁宣二世，世既升平，文物益盛。宣宗尝亲临文渊阁披阅经史，与杨士奇等讨论。是时所藏之书，虽已达万余部，近百万卷，然书目之编制，仍付阙如。正统间，学士杨士奇等，始以文渊阁所贮书籍，颇多祖宗御制文集，及古今经史子集之书，自永乐世取来后，一向于左顺门北廊收贮，未有完整书目。故乃打点清切，逐一勘对，编置字号，厘定部类，写成目录一卷，名曰《文渊阁书目》，于六年(一四四一)奏上，请用广运之宝，钤识备照，庶无遗失。^(注十) 至是目之优劣，论者颇多，大都称其著录之富，而讥其编次草率。如朱彝尊云："文渊阁藏书，乃合宋金元所储而汇于一，加以明永乐间南都所运百柜，正统编定目录，凡四万二千六百余册，缥缃之富，古所未有。"《四库总目》又谓："士奇等不能考订撰次，勒为成书，而徒草率以塞责，较刘向之编《七略》，荀勗之叙《中经》，诚为有愧。"今观是书，草率固属难免，如所载各书多不著撰人姓氏或仅注册数而无卷数等然亦略有条目，以示梗概。盖其分类虽仍存经史子集之名，然其门类实与历代之四部目录不同，兹列其类目于下：

易　书　诗　春秋　周礼　仪礼　礼书　乐书　诸经　总类
四书　性理　经济_{奏议附}　史_{史杂附}　子书_{子杂附}　文集　诗词

类书　　韵书　　姓氏　　法帖　　画谱诸谱附　　政书　　刑书　　兵法
　　算法　　阴阳　　医书　　农圃　　道书　　佛书　　古今志　　旧志
　　新志

　　至其排列次序,则以《千字文》分号,起天字迄往字,凡二十号,五十橱。^(注十一)是此目之编制,本为阁中存记册籍之总帐,初非勒成专书,如《七略》《中经》之比也。次则当日庋藏虽富,然其残缺当不能免,士奇等所以不能考订撰次者,或以此而有所待,故不能用此为讥议也。总之,此目之草率讹误,虽所不免,然明清以来,阁书佚散,"惟藉此编之存,尚得略见一代之名数,则亦考古所不废也"。四库总目

　　孝宗宏治中,大学士邱濬,复上言,请委专官数员,督同典籍等官,将书目一一比较,有无全缺,分经史子集四部,及杂书类书二种,每类若干部,部若干卷,各类总数若干,识校次岁时职官于简末备考。详见拙著《校雠学史》疏入,虽纳之而未行。其后内阁诸书,典司者半系赀郎,于四部之旨懵如;且秩卑品下,馆阁之臣假阅者,往往不归原帙。而嗣后诸朝,多不好文,不复留意查核,内阁之储,遂缺帙过半;而目录之作,亦无人继起,兹可叹耳! 万历间,中书舍人张萱,始请于阁臣,躬自编类,更著目录八卷,名曰《内阁藏书目录》,其分类则以圣制典制二部置于首,而于经史子集四部外,复置:

　　类录部　　金石部　　图经部　　乐律部　　字学部　　理学部　　奏疏部　　传记部　　技艺部　　志乘部　　杂部

　　各录之下,虽亦略注撰人姓名官职,同一书而有数部者皆复列之,然而分部不明流别,归类动多错迕,弊亦正与正统《杨目》同也。^(注十二)余如马愉之《秘阁书目》二卷,钱溥之《内阁书目》一卷,俱见千顷堂书目大抵为数寥寥,转相抄袭,无足轻重,兹皆略而不论。

　　总之,明代整理官书事业,了无足述。《永乐大典》,网罗博富,然编类书,非整簿录也。正统万历两次点检阁籍,遗目俨存,实不过官司典守之帐簿,于校理流别,概乎未有闻焉。用是清修《明

69

史》，无所凭藉，乃不得不以私家目录为史馆唯一之蓝本矣。

（注一）参看《历代职官志》卷二十五文渊阁条。

（注二）参考李笠《图书目录之缘起》，见《厦大周刊》九卷七期。

（注三）详见明胡应麟《经籍会通》。

（注四）参考《宋史艺文志序》。

（注五）（注六）参考梁启超《图书大辞典簿录之部》。

（注七）是目在当时有浙漕司刻本，明清以来，传世几绝，惟丁氏迟云楼
　　　　有旧钞，近人叶德辉据以刻之，编入《观古堂丛书》内，且仿钱氏
　　　　笺释《崇文目》之例，广为考证，颇极详瞻。

（注八）同（注五）（注六）

（注九）参考王士点《秘书监志》卷六。

（注十）见钱大昕旧抄本《文渊阁书目跋》。

（注十一）梁氏《图书大辞典》云："此书以《千字文》分号……天地字号
　　　　　御制御定诸书，地字玄字号经部，黄字号四书及性理经济，宇
　　　　　字宙字号史部，洪字荒字号子部，日字月字号集部，盈字号类
　　　　　书，昃字号韵书及姓氏，辰字号法帖画谱，宿字号政书刑书兵
　　　　　法算法，列字号阴阳医书农圃，张字号道书，寒字号佛书，来字
　　　　　号古今志，暑字号旧志，往字号新志。"

（注十二）同（注五）（注六）

四　私家的分类

　　唐代以前，书多藏之于官，民间所藏，赐书之外无多焉。[注一]相
传苏秦藏书数十箧，墨子南游，载书甚多。虽史无明文，然亦足为
古代私家藏书之事迹也。汉兴，私藏颇盛，如河间王淮南王等，其
所搜集，或可与汉室相齐。[注二]后汉蔡邕所藏，多至万卷，末年载数
车与王粲，[注三]所存犹四千余卷。[注四]晋代张华，所藏尤多，世传其

70

移居之时,载三十余乘。余如南北朝时之崔尉祖沈辚士沈约、任昉、王僧孺等,皆聚卷轴,其数咸超万卷,私家之藏,既已大盛,故历代官书散亡,大都求之于私藏,汉武帝诏开献书之路,成帝遣陈农求遗书于天下。自是而后,搜求遗籍,代有所闻,或诱以利禄,或胁以天威,而进献之书,多为官府所阙如。此足见唐前书籍,虽以钞写难得,而私家之藏未尝不富也。

唐后雕版渐盛,书籍易得,收藏之家,远迈前代,目录之作,代有所闻。唐代则有吴竞之《西斋书目》一卷,李肇之《经史释题》一卷,蒋彧之《新集书目》一卷,杜信之《东斋集籍》二十卷,惜皆不传,无从考见矣。迄于宋世,民间镂版,未贡天府者,且十之九,由是官府所藏,反不若民间之多。[注五] 著录之家既多,分类之法,亦较进步,其精密之处,颇资参证。如晁公武之《郡斋读书志》,尤袤之《遂初堂书目》,陈振孙之《直斋书录解题》等,皆其著者也。有元一朝,虽亦搜求典籍,然官府所藏,尚无完目,私家著录,益复寥寥。明代得书之易,又过宋元,私家著录,更难屈指,其著者如朱睦㮮之《万卷堂书目》,黄虞稷之《千顷堂书目》,祁承㸁之《澹生堂书目》等是也。兹请分别叙述于后。

(一)《郡斋读书志》 晁公武撰。公武字子正,冲之之子,钜野人。官至敷文阁直学士。南阳井宪孟为四川转运使,家多藏书,悉举以赠公武。乃躬自校雠,疏其大略,为此书。以时方守荣州,故名《郡斋读书志》。后书散佚,而志独存。四库总目是目成于绍兴二十一年(一一五一)自以所录书史,集居其半,若依《七略》,则多寡不均,故亦分为四部,其类目为:

经部	易	书	诗	礼	乐	春秋	孝经	论语	经解	小学
史部	正史	编年	实录	杂史	伪史	史评	职官	仪注		
	刑法	地理	传记	谱牒	书目					
子部	儒家	道家	法家	名家	墨家	纵横家	杂家	农		

家　小说　天文　历算　五行　兵家　类书　杂艺术
　　　医书　神仙　释书
　　集部　楚辞　别集　总集　文说

　　综观上列，可知晁氏之分类，大都根据《崇文总目》，其不同者，仅经部增经解一类。史部增史评一类，删去岁时一门，而改氏族为谱牒。子部删算术卜筮二类，并入历算及五行内。集部除增入《楚辞》一类外，其他无所变革。

　　（二）《遂初堂书目》　尤袤撰。袤字延之，无锡人。绍兴十八年（一一四八）进士，官至礼部尚书，谥文简，事迹具《宋史本传》。其分类细目为：

　　经部　总经　周易　尚书　诗　礼　乐　春秋　论语　孝经
　　　　　孟子　小学
　　史部　正史　编年　杂史　故事　杂传　伪史　国史　本朝
　　　　　杂史　本朝故事　本朝杂传　实录　职官　仪注　刑
　　　　　法　姓氏　史学　目录　地理
　　子部　儒家　杂家　道家　释家　农家　兵家　数术　小说
　　　　　家　杂艺　谱录　类书　医书
　　集部　别集　章奏　总集　文史　乐典

　　尤氏分类特异之处，即于国史类外，复列本朝杂史，本朝故事，本朝杂传三类。国史之名，包括本朝而有兼收并蓄之意，即以国史为纪传一体所独有，则本朝著述，亦非上述三者而已。挂一漏万，此之谓也。（注六）其次则为将子部之法、名、墨、纵横四家并入杂家一类，此诚破坏学术系统最大之处。至其优点，《四库总目》曾说："子部别立谱录一门，以收《香谱》《石谱》《蟹谱》之无类可附者，为例最善……宋人目录存于今者，《崇文总目》已无完书，惟此与晁公武《志》为最古，固考证家之所必稽矣。"

　　（三）《直斋书录解题》　陈振孙撰。振孙字伯玉，号直斋，吉安人，始仕州郡，终官侍郎。《癸辛杂识》称近年惟直斋陈氏书最
　72

多。盖尝仕于莆,传录夹漈郑氏、方氏、林氏、吴氏旧书至五万一千一百八十余卷。且仿《读书志》作解录,极其精详云云。则振孙此书,在宋末已为世所重矣。四库总目其分类体例,虽大抵规仿晁氏,惟不标经史子集四部之名,仅将历代典籍,区为五十三类而已。兹逐录其类目于下:

易类 书类 诗类 礼类 春秋类 孝经类 语孟类 经解类 谶纬类 小学类

正史类 别史类 编年类 起居注类 诏令类 伪史类 杂史类 典故类 职官类 礼注类 时令类 传记类 法令类 谱牒类 目录类 地理类

儒家类 道家类 法家类 名家类 墨家类 纵横家类 农家类 杂家类 小说家类 神仙类 释氏类 兵书类 历象类 阴阳家类 卜筮类 刑法类 医书类 音乐类 杂艺类 类书类

楚辞类 总集类 别集类 诗集类 歌辞类 章奏类 文史类

据上所列,虽未立四部之名,然所分次第,实则仍本四部。至所品题,语多平允,故《四库总目》说:"古书之不传于今者,得藉是以求其厓略;其传于今者,得藉是以辨其真伪,核其异同。"总之,宋人目录虽多,但存者已寥寥无几。官书若《崇文总目》,已非完书;私家目录,散佚尤多。所仅存者,惟晁尤陈三家,尚可考见宋时典籍分类之厓略,宜乎为考证家所资取也。

(四)《万卷堂书目》 朱睦㮮撰。睦㮮字灌夫,周王六世孙。万历五年(一五七七)举宗正,事迹附见《周王橚传》。自序说:"余宅西建堂五楹,储书其中,仿唐人法,分经史子集,编为四部。"其类目是:

经部 易经 书经 诗经 春秋 礼 孝经 论语 孟子 经解 小学

史部　正史　编年　杂史　史评　起居注　奏议　官制
　　　仪注　法律　谱传　书目　地志　杂志
子部　儒家　道家　释家　农家　兵家　医家　小说家
　　　五行家
集部　楚辞　别集　女史　总集　杂文　类书　宗室

（五）《淡生堂书目》　祁承爜撰。承爜字尔光，山阴人。万历甲辰(一六〇四)进士，官至江西布政使司参政。尝师郑渔仲求书之法，穷搜博采，积书至十余万卷。是目虽以经史子集为类，而细目多异前人，其体例之善，在明代可称佳作。兹录其类目以见一般。

经部
易　古易　章句注传　疏义集解　详说　括解　传　考证
　　图说　卜筮　易纬　拟易
书　章句注疏　传说　图谱　考订　外传
诗　章句注疏　传说　考证　图说　音义　注释　外传
春秋　经总传　左传　公羊　谷梁　通解　考证　图谱
　　　外传
礼　周礼　仪礼　二戴礼　通解　图考　礼纬　中庸　大
　　学
孝经　注疏　丛书　外传
论语　章句注疏　解说　别编　图志　外传
孟子　章句注疏　杂说　外传
总经解　传说　考定　音释　经筵
理学　性理　诠集　遗书　语录　论著　图说
小学　尔雅　蒙书　家训　纂训　韵学　字学
史部
国朝史　御制　敕传　汇录　编述　分纪　武功　人物
　　　　典故　时务　杂记　行役　风土
正史

编年史　通鉴　纲目　纪　记事

通史　会编　纂略

约史

史钞　节详　摘略

史评　考正　论断　读史

霸史　野史　稗史　杂录

记传　别录　垂范　高贤　汇传　别传　忠义　事迹　行
　　　役　风土

典故　故实　职掌

礼乐　国礼　家礼　乐律　礼典

政实　时令　食货　刑法　官守　事宜

图志　统志　通志　郡志　州志　邑志　关镇　山川　揽
　　　胜　园林　祠宇　梵院

谱录　统谱　族谱　年谱　世家　试录　姓名　书目

子部

儒家

诸子　墨　法　名　纵横

小说家　说汇　说丛　佳话　杂笔　闲适　清玩　记异
　　　戏剧

农家　民务　时序　杂事　树艺　牧养

道家　老子　庄子　诸子　诸经　金丹　汇书　诠述　修
　　　摄　养生　记传　余集

释家　大乘经　小乘经　宋元续入经　东土著述　律仪
　　　经典疏注　大小乘论　宗旨　语录　止观　警策
　　　诠述　提倡　净土　因果　记传　禅余　文集

兵家　将略　兵政

天文家　占候　历法

五行家　占卜　阴阳　星命　堪舆

医家 经论 脉法 治法 方书 本草 伤寒 妇人 小儿 外科

艺术家 书 画 琴 棋 数 射投壶附 杂技

类家 汇辑 纂略 丛笔

丛书 国朝史 经史子杂 子汇 杂集 汇集

集部

诏制 王言 代言

章疏 奏议 书牍 启笺 四六

辞赋 骚 赋

总集 诗文总集 文编 诗编 郡邑文献 家乘文献 遗文考识 别科议

余集 逸文附摘录 艳诗附词曲 逸诗附集句摘句

别集 帝王集 汉魏六朝诗文集 唐诗文集 宋诗文集 元诗文集 国朝御制集 国朝阁臣集 国朝分省诸公诗文集

诗文评 文式 文评 诗式 诗评 诗话

(六)《千顷堂书目》 黄虞稷撰。虞稷字俞邰,先世泉州人,崇祯末流寓上元。所录皆明一代之书。经部分十一门,史部分十八门,子部分十二门,集部分八门,其类目如下:

经部 易 书 诗 礼 春秋 孝经 论语 孟子 经解 四书 小学

史部 国史 正史 通史 编年 别史 霸史 史学 史钞 地理 职官 典故 时令 食货 仪注 政刑 传记 谱系 簿录

子部 儒家 杂家 小说家 兵家 天文家 历数家 五行家 医家 艺术家 类书 释家 道家

集部 别集 制诰 表奏 诗赋 词典 制举 总集 文史

上列三家之分类,朱氏自序既谓"仿唐人法"可知与《唐志》无

甚出入,兹不多论。祁氏分类,子目之增删,虽多可议,然体例之清晰,足称佳构。至于黄氏,则其最大之缺点约有三事:

一、经部既以四书为一类,又以《论语》《孟子》各为一类。

二、《乐典》虽亡,然不置此门,则律吕诸书无所附。

三、史部典故以外,又立食货、政刑二门,颇嫌累赘。

四、子部墨家,名家,法家,纵横家,并为一类,总名杂家,虽亦简括,然名墨纵横,三家传述者希,遗编无几,并之尚可。并法家亦删之,似太简单。

至其优点,则其集部别集一类,以朝代科分先后,无科目者则酌附于各朝之末,视唐宋二志之蹂乱,特为清晰,体例亦可云最善,故《四库总目》谓"明一代著作,以是书为最可据"。而清代纂修《明史艺文志》亦以此书为蓝本。然则此书与《明志》之关系,殆如《七略》之于《汉志》,《阮录》之于《隋志》,《古今书录》之于《唐志》矣。

总之,有明一代,私家目录虽多,大抵皆依四部,无大出色,上列三家,虽不能尽善尽美,然总较为可取,略其舛驳,取其赅赡可也。

(注一)帝王赐书,在汉代为最荣之事,《东平宪王传》说:"建初六年冬,上疏求朝,明年正月帝许之,三月大鸿胪奏遣诸王归国,帝特留苍,赐秘书列仙图道术秘方。"又《东观汉记》:"章帝赐黄香《淮南》《孟子》各一部。"《北堂书钞》"班游以选受诏进读群书,上器其能,赐以秘书之副"。此足见汉代赐书之盛。此风在晋代亦然,皇甫谧尝自表就帝借书,帝送一车与之。事见本传。

(注二)《汉书河间献王传》:"献王德修学好古,实事求是,从民得善书,必为好写与之,留其真,加金帛赐以招之,由是四方道术之人,不远千里。或有先祖旧书,多奉以奏献王者,故得书多与汉朝等。是时淮南王安亦好书。"

（注三）《博物志》：“蔡邕有书万卷，汉末年载数车与王粲。”

（注四）《汉书蔡琰传》：“先父赐书四千许卷。”

（注五）郑樵《校雠略》：“尝见乡人方氏望壶楼书籍颇多，问其家，乃云：先人守无为军，日就一道士传之，尚不能尽其书也，如唐人文集无不备。又尝见浮屠慧邃收古人简牍，宋朝自开国至崇观间，凡是名臣及高僧笔亦无不备。以一道士能备一唐朝之文集，以一僧能备一宋朝之笔迹，况乎堂堂天府而不能尽天下之图书乎。然观国家向日文物全盛之时，犹有遗书民间所有，秘府所无者甚多。”

（注六）参考郑鹤声著《中国史部目录学》。

第四章　四部分类法之盛衰

一　概　论

四部分类法到了清代，由鼎盛期渐趋入衰落的状态。正如梁任公所说："取前此二千余年之学术倒卷而缫演之；如剥春笋，愈剥而愈近里；如啖甘蔗，愈啖而愈有味也。"戊戌维新，西洋学术流入中国，思想界一大改变，故对于图书分类法的观念也变了。这可以说是中国图书分类史上之一重要变迁，也可说是中国图书分类法走上科学途径之第一步。戊戌算是新时代的开始，所以留待下章再讲。

二　四部分类之盛

清初的分类

逊清右文，度越近古，自世祖迁都北京，即兴文教，尚经术，优礼前朝儒臣，诏孔子六十五代孙孔胤植袭衍圣公，使满洲子弟学者，习汉文汉语。康乾之世，大振斯文，笼络当时人杰俊才于学问章句之中，于是文教彬彬，呈古今罕观之盛，雕刻御纂钦定之书，多至百有余种。目录之编制，亦较优于历代。如康雍二世之《图书

79

集成经籍典》五百卷,乾隆朝之《明史艺文志》四卷,《天禄琳琅书目》十卷,而尤以《四库全书总目》二百卷为钜制。兹分别略述于次。

（一）《图书集成经籍典》　是书旧称蒋廷锡奉敕撰。实则陈梦雷侍皇三子诚亲王时所编,世宗仅重加编纂,易"志"为"典"而已,[注一]雍正《御制序》云:

> 圣祖命广罗群籍,分门别类,统为一书,成册府之钜观,极图书之大备,而卷帙浩富,任事之臣,弗克祗承,既多讹谬,每有阙遗,经历岁时,久而未就。朕绍登大宝,思继先志,特命尚书蒋廷锡等董司其事,督率在馆诸臣,重加编校,穷朝夕之力,三载之勤,凡厘定三千余卷,增订数十万言,图绘精审,书成进呈。

此书所费心力虽不可谓不钜,实不过一类书耳,其体例且为类书中之最滥劣者。《经籍典》之性质,亦与列朝官录全异,因其为官撰书而与簿录有连,始附其目于此也。又此典于清初书籍存亡之状况,无足资参考者,因其大部分乃迻录旧史或专书之全文,无组织,无别择也。图书大辞典簿录之部故梁任公称其编纂体例凌乱,检查殊不易也。兹将全书之分类纲目列后,以供参考。

历象汇编

乾象典　天地　阴阳　五行　日月　星辰　风云　雨雪
　　　　雹　附火与烟

岁功典　季节　月令　寒暑　干支　晨昏　昼夜

历法典　历法　仪象　漏刻　测量　算法　数目

庶征典　变异　灾荒　梦　谣　谶

方舆汇编

坤舆典　土　泥　石　砂　汞　矾　黄灰　水冰　泉　井
　　　　历代舆图　分画　建都　留都　关隘　市肆　陵寝
　　　　冢墓

职方典　分纪清代各省府地理

山川典　名山　大川

边裔典　外国

明伦汇编

皇极典　帝王之事

宫闱典　太上皇　后妃　宫女　乳保　东宫　皇子　皇孙
公主　驸马　外戚　宦寺

官常典　百官之事

家范典　家庭间事　宗属　戚属　奴婢

交谊典　师友　乡里　社交　世态

氏族典　姓氏

人事典　身体　年龄　名号　命运　感应

闺媛典　妇女之事

博物汇编

艺术典　农　医　卜　星相　术数　画　弈　商贾　佣工
优伶　娼妓

神异典　鬼　神　释　道

禽虫典　各动物

草木典　各植物

理学汇编

经籍典　河图　洛书　十三经　国语　国策　列代史　通鉴
史学　地志　诸子　集部　类书　杂著

学行典　人品　学问　名贤　列传　游侠　勇力

文学典　文学总论　名家列传　各体文　诗　赋　词　曲

字学典　音义　字体　法帖　书法　书家　声韵　方言　纸
笔　墨　砚

经籍汇编

选举典　学校　教化　取士

铨衡典　官制　禄制　封建　黜擢

食货典　户口　农桑　田制　蚕桑　荒政　赋役　漕运　贡
　　　　　献　盐法　杂税　平准　国用　饮食　布帛　珠玉
　　　　　金　银　钱钞
礼仪典　冠昏　丧祭　朝会　燕飨
乐律典　律吕　歌舞　乐器
戎政典　兵制　田猎　兵法　兵略　屯田　马政　驿递　兵
　　　　　器
祥刑典　律令　盗贼　牢狱　听断　刑制　赦宥
考工典　工匠　规矩　准绳　度量　权衡　城池　桥梁　宫
　　　　　室　器用

　　每类之下,率分为汇考,总论,艺文,纪事,杂录五目。虽所列
纲目并非全为图书而设,然目次井然,亦足为图书分类之参考焉。

　　(二)《明史艺文志》　张廷玉等奉敕撰。是志之作,正值实学
衰落之时代,馆臣无复能精覃义例者,故全书大部分惟采王鸿绪
《史稿》。《王志》之著录范围依尤氏,而资料内容则袭黄氏,惟删
其补宋辽金元之部分耳。图书大辞典簿录之部故梁任公谓:"鸿绪《史
稿》,以剽窃为能事,其《艺文》一志,即全窃黄俞邰书,将所补宋辽
金元之部分删去,其他亦略有删节,但补充者甚希。"至其分类,则
又多本《焦志》,省霸史,起居注,食货,时令,簿录之名,并改法令
为刑法,史钞自为一门,编年附于正史而已。兹列其类目于下:
经部　易　书　诗　礼　乐　春秋　孝经　四书　小学
史部　正史　杂史　史钞　故事　职官　仪注　刑法　传记
　　　　地理　谱牒
子部　儒家　杂家　农家　小说家　兵书　天文　历数　五
　　　　行　艺术　类书　道　释
集部　别集　总集　文史

　　(三)《天禄琳琅书目》　于敏中等奉敕撰。是目初稿成于乾
隆九年(一七四四),四十年重为补辑写定。所著录皆清宫珍密,

藏在昭仁殿者。其中一小部分殆宋金元明累代中秘旧藏,一大部分则康雍乾三朝次第搜集之本也。《四库全书简明目录》云:"此目以经史子集为纲,书则以宋金元明刊板朝代为次,其一书而载数本,用《遂初堂书目》例,详其题跋、姓名、收藏印记,兼用《铁网珊瑚》例。"故王先谦谓其"于刊印流传之时地,鉴赏采择之源流,并收藏家生平事略,图记真伪,研讨弗遗。"后跋是此书仅为讨研板本之钜制,于分类之类例,无足资参考也。

四库总目之分类

　　清代编纂之《四库全书》,实为中国书籍搜集史上空前之伟观。全书总目二百卷,规制渊闳,以方宋之《崇文》,殆犹过之,他无论已。图书大辞典簿录之部其分类虽仍四部之旧,但子目之厘订,颇多增删,计经部十,史部十五,子部十四,集部五,凡为类四十四。类下或分为属,如礼类为属六,目录类为属二,天文算法类为属亦二,术数类为属六,艺术四,谱录三,杂家之属六,小说之属三,词曲之属五,凡属六十五,其分类别属,可谓细矣。故四部分类法虽成立于隋唐,然实至清《四库总目》出,而始臻完备也。兹列其详细类目于下:

经部

　易类

　书类

　诗类

　礼类　周礼　仪礼　礼记　三礼　通义　通礼　杂礼

　春秋类

　孝经类

　五经总义类

　四书类

　乐类

小学类　训诂　字书　韵书

史部

正史类

编年类

纪事本末类

别史类

杂史类

诏令奏议类　诏令　奏议

传记类　圣贤　名人　总录　杂录　别录

史钞类

载记类

时令类

地理类　总志　都会　郡县　河渠　边防　山川　古迹　杂记　游记　外记

职官类　官制　官箴

政书类　适制　兴礼　邦计　军政　法令　营建

目录类　经籍　金石

史评类

子部

儒家类

兵家类

法家类

农家类

医家类

天文算法类　推步　算书

术数类　数学　占候　相宅　相墓　占卜　命书　相书　阴阳　五行

艺术类　书画　琴谱　篆刻　杂伎

谱录类　器用　食谱　草木虫鱼　杂物

杂家类　杂学　杂考　杂说　杂品　杂纂　杂编

类书类

小说家类　杂事　异闻　琐语

释家类

道家类

集部

楚辞类

别集类

总集类

诗文评类

词曲类　词集　词选　词话　南北曲

关于《总目》分类之理论，兹据《凡例》所说，条列于次：

一、大纲之厘定　是目以经史子集提纲列目，经部分十类，史部分十五类，子部分十四类，集部分五类。或流别繁碎者，又分析子目，使条理分明。

二、类目之改订　自《隋志》以下，门目大同小异，互有出入，亦各具得失，兹则择善而从。如诏令奏议，《文献通考》入集部，今以其事关国政，诏令从《唐志》例入史部，奏议从《汉志》例亦入史部。《东都事略》之属，不可入正史，而亦不可入杂史者，从《宋志》例立别史一门。《香谱》《鹰谱》之属，旧志无所附属，今从尤袤《遂初堂书目》例立谱录一门。名家，墨家，纵横家，历代著录，各不过一二种，难以成帙，今从黄虞稷《千顷堂书目》例并入杂家为一门。又别集之有诗无文者，《文献通考》别立诗集一门，然则有文无诗者，何不别入文集一门，多事区分，徒滋繁碎，今仍从诸史志之例，并为别集一门。又兼诂群经者，《唐志》题曰经解，则不见其为群经；朱彝尊《经义考》题曰群经，又不见其属经解；徐乾学通志堂所刻，改名曰总经解，何焯又讥其杜撰；今取《隋志》之文曰五经总义。凡斯之类,皆务求典据,非事更张。

三、子目之分析　焦竑《国史经籍志》多分子目,颇以饾饤为嫌。兹则酌乎其中,惟经部之小学类,史部之地理、传记、政书三类;子部之术数、艺术、谱录、杂家四类;集部之词曲类;流派至为繁伙,端绪易致茫如,谨约分小学为三子目,地理为九子目,传记为五子目,政书为六子目,术数为七子目,艺术谱录各为四子目,杂家为五子目,词曲为四子目,使条理秩然。又经部之礼类,史部之诏令奏议类、目录类,子部之天文算法类,小说家类,亦各约分子目,以便寻检。其余琐节,概为删并。

综上所论,可知《四库总目》之分类,亦颇有具体的计画,可惜囿于四部传统之成见,不无牵凑笼统之弊。严格的说,则较之《隋志》以后各家,不能说不是一大进步。兹更列举其特出之点于后。

一、重内容不重名目　分类图书,应以内容为主,此为分类法之一大原则。盖一书之名尝与其内容绝不相同,故宜细心检查,仔细审定,庶免错误。然古来诸家著录,往往循名失实,配隶乖宜,不但《崇文总目》,以《树萱录》入之种植,为郑樵所讥已也。《四库总目》分类之优点,即在"考校原书,详为厘定"。如《马端肃三记》一书,自表面观之,传记之书也;然其所志,皆明代大征伐,文升特董其役,故乃入之史部杂史类。《郑忠肃奏议集》,虽以奏议为名,实则兼辑杂文而成,故乃列入集部别集类。同一《耆旧传》,分类即非,《京口耆旧传》入之史部传记类,《锦里耆旧传》则收入史部记载类。又如《倪石陵》书名似子而实文集,《木钟集》名似文集而实语录。如斯之类,皆一一核其实际,不以书之名目所惑。

二、重宗旨不重名目　分类图书,以著者作书之宗旨为主,亦图书分类法原则之一也。如《左传类对赋》一书,虽亦采自左氏,但全书仅取俪辞,与经义无关,故《四库总目》乃改入类书类。《易外别传》,虽附《周易集说》之后,以其衍黄老之义,故列入道家类。孙威敏《征南录》之入传记类,为其志在表功,非记侬智高之变也。

86

《平番全书》全录文字,而入杂史类,为纪平番事而作也。邵子推数以著书,故《皇极世书》入于术数类。《皇朝通志》仅记制度,故入政书类。凡此之类,皆以著者之宗旨定其类也。

三、重原书之体裁不重名目　如《革除遗事节本》,以原有本纪而列入杂史。残本《成仁遗稿》,虽佚去谢枋得之著作,而仍入总集。《皇朝通志》,以无传记而编入政书类。若此之类,非深明分类之原理者不能臻是。非学术浅近者所得妄加批评者也。

余如每一类中所包含之类目,大都可以成为一个系统的集团,使后人应用时不致发生多大的捍格和矛盾。次则从前各家分类不妥之书,现在皆能细审其内容归入适当之门类。如《笔阵图》之属,旧入小学类,今则惟以论六书者入小学;其论八法者,不过笔札之工,而改入艺术类。故梁任公说:"虽其分类系属之当否,可商榷者正多,然其述作义例之周备,实已为《崇文总目》以下所莫能逮。其关于类录所提供之意见,亦多足为后人讨论此问题凭藉之资也。"图书大辞典簿录之部

四库后之分类

四部分类法自经《四库全书》增删采用后,遂成一代之典型,二百年来,所有官编私撰,以及清人所补之前朝史志,大都奉为圭臬,引为参证。官修之史志,如《续通志》《皇朝通志》《续通考》《皇朝通考》等;私家如姚际恒《好古堂书目》等;所补前朝史志,如钱大昭之《补续汉书艺文志》,顾櫰三之《补后汉书艺文志》,黄任恒之《补辽史艺文志》,钱大昕之《补元史艺文志》等。虽细目各有增删,然大体均仍《四库》之例。兹分述于次:

(一)《续通志》与《清通志》　《续通志》为继郑樵《通志》之作。《艺文略》之分类,虽仍以十二类为纲,然子目之厘订,实多据《四库总目》而改定。《艺文略叙》说:

郑樵《艺文略》有十二类,类各分门,门各标目。自叙以为经

籍之散亡，由于编次之无纪，《易》虽一书，而学有十六种；《诗》虽一书，而学有十二种；非可浑为一家，说诚韪矣。顾其所标细目，失之太繁。其如图谱既有专略，又见于《艺文略》中，重复之讥，殆不免焉。今辑自宋迄明之艺文，谨遵《四库全书》例，以著录存目分编。凡宋代诸书已登《郑志》者，不复载入。所标总类，仍依《郑志》为十二，每门细目，则以《四库全书》为准。

叙中既谓"谨遵《四库全书》例"又曰"每门细目，则以《四库全书》为准"。可见《四库》分类在清代之威权矣。兹列其类目于下：

经类第一

易 书 诗 春秋 孝经 四书 尔雅 经解

礼类第二

周官 仪礼 礼记 月令 会礼 仪注

乐类第三

乐书 舞 乐器

小学类第四

文字 音韵 音释 古文 法书

史类第五

正史 编年 别史（史钞附） 杂史 载记 史评 故事（通制、通令、军政、工政、贡举、杂法令、杂典制附） 职官（职箴附、官制附） 刑法 传记（圣贤、名人、列传、烈女、科第、名号、冥异） 地理（总类、都城、宫苑、郡邑、古迹、地理杂记、川渎、名山、洞府、朝聘、行役、蛮夷、遗防附） 谱系（总谱、家谱） 食货（总录、货宝、器用、蓁养、种艺、茶酒） 目录（总目、杂书目、家藏总目）

诸子类第六

儒家（儒术、教学） 道家 释家 法家 杂家（杂学、杂考、杂说、杂品、杂纂、杂编） 农家 小说（琐事、琐语） 兵家

天文类第七

　　天文　历数　算术

五行类第八

　　占卜　阴阳　命书相书　宅书葬书

艺术类第九

　　书画　技艺

医方类第十

　　脉经　医书　针灸　本草　炮炙　方书　伤寒　脚气　疮肿
妇人　小儿　食经

类书类第十一

文类第十二

　　楚辞　别集　总集　碑碣　制诰　表章　四六　奏议　论策
书　文史　诗评　词曲

　　至于《清通志》，其体例亦与《续志》略同。《艺文略叙》云：
"今纂《艺文略》，亦就经史子集分为十二总类，以符《郑志》原例。
至原书所分各子目，则随意酌并，无庸复仍其旧。又如图谱既别为
专门，而《郑志艺文略》内，复多互载，今俱归入《图谱略》内，以省
繁复。"此可见官家之分类，大都善于因袭，惮于改革，即有较好之
分类法，亦不肯采用取则，斟酌改善也。至其分类，与《续通志》亦
互有出入，兹条举于左：

　　一、礼类　仪礼下增丧服一门。

　　二、乐类　删舞及乐器二门，增琴曲一门。

　　三、小学类　删音释一门。

　　四、史类　编年下增诏令，纪事本末二门；职官下增政书一门。
删去故事，刑法二门。传记门删冥异一目。地理门删朝聘，行役，
蛮夷，而增游记，边防，外纪三目。谱系及目录门，子目全删去。食
货门删总录一目。

　　五、五行类　删命书相书一门。

六、艺术类　仅列书画一门，而以篆刻附焉。

七、医方类　除医书，方书二门外，余均删去。

八、文集类　总集下增赋一门。删制诰，表章，论策三门。又改词曲为书余。

（二）《续通考》与《清通考》　《续通考》为继马端临《通考》而作，其《经籍考》之分类，亦采用四部之法者，其类目为：

经部　易　书　诗　礼　春秋　论语　孟子　孝经　经解
　　　四书　乐　仪注　谶纬　小学

史部　正史　编年　诏令奏议　杂史　传记　载记　史评
　　　史钞　故事　职官　刑法　地理　时令　谱牒　目录

子部　儒家　道家　法家　杂家　小说家　农家　谱录　天
　　　文　推算　五行　占筮　刑法　兵家　医家　神仙
　　　释氏　类书　杂艺术

集部　楚词　别集　诗集　总集　诗文评　词曲

《续通考经籍考》之分类，虽大体依据马氏，其实细目之增删则仍本诸《四库》。如并马氏名、墨、纵横于杂家一类，此其最显明者也。至《清通考经籍考》分类之异于《续考》者，如：

经部删谶纬一类。

史部删诏令奏议，故事，刑法三类。增改起居注，奏议，政书三类。

子部以神仙附于释氏之后。

集部列歌辞一类于总集之前，而删去词曲。

凡此皆有清一代官编史志采用《四库》分类为标准之目录也。

（三）《好古堂书目》　姚际恒撰。际恒字立方，号首源，仁和诸生。一生坎壈，兀兀穷年，惟手一篇枯坐。先世既有藏书，乃复搜之市肆，久之而插架者与腹笥俱富矣。姚之骃序是编乃其家藏总目，末附收藏宋元板书目，凡数十种。其分类所列子目，虽多与前朝诸家多异，然仍以四部为大纲也。兹录其类目于此：

经部　总经　易　书　诗　春秋　三礼　乐　四书　孝经
　　　尔雅　小学　汇集

史部　正史　编年　霸史　杂史　集古　时政　礼仪　传记
　　　典故　职官　法令　食货　器用　虫鱼　地理　方物
　　　名胜　川渎　谱系　簿录

子部　儒　道　墨　名　纵横　汇集　杂　小说　兵　天文
　　　医　艺术　类书　释

集部　志　奏策　论　骚赋　四六　尺牍　别集　总集　诗
　　　文　格评　词曲　经史子集总附阙书目

（四）《补续汉书艺文志》　钱大昭撰。大昭字晦之，号可庐，嘉定人，大昕弟。是志之作，盖以范氏《后汉书》未及撰志，司马彪《续汉书》有律历、礼仪、祭祀、天文、五行、郡国、百官、舆服八志，而不及艺文。东京诸儒撰述，泯焉无闻，良可深惜！因取蔚宗本史所载，及书之见存于今代，引证古书、别史、及藏书家所著录者，辑成二卷，以补司马氏之阙漏。邵晋涵序谓其“于一代著述，固已搜采无遗，洋洋美备矣”。但以后此侯氏姚氏所补较之，殊觉其俭陋也。又其所收之书，上及西汉，下包三国，且不免重复误收之弊。_{图书大辞典簿录之部}故梁任公谓：“恐是未定之稿”。兹录其类目于下：

经部　易　书　诗　礼　论语　孝经　尔雅　孟子　经解
　　　谶纬

史部　国史　典章　刑法

子部　_{不分子目}

集部　文集　别集

（五）《补后汉书艺文志》　顾櫰三撰。櫰三字秋碧，江宁人。幼著才名，与汪梅村齐名，时称汪顾。冯煦跋称：“所著《补志》二十七卷，精博出《五代史补志》上，而传不之及。”足见是志价值一般，至其分类，亦以四部为纲，兹录于下：

经部　周易　尚书　诗　三礼　春秋三传　论语　孝经　五

经总义　小学　乐

　　史部　正史　记注　杂史　霸史　古史　历象　时令　舆地
　　　　仪注　科令　别传

　　子部　诸子　阴阳杂家　兵家　医家　佛书　道书　小说

　　集部　楚辞　别集

　　(六)《补辽史艺文志》　黄任恒撰。自序云："史志经籍,学术攸关,《辽史》阙如,实为憾事。因搜纪传,旁及杂书四部,分编例,严去取,较视近辑,矜慎倍加。"其分类细目如下:

　　经部　周易　论语　孝经　尔雅　小学

　　史部　正史　编年　起居注　载记　杂史　故事　仪注　刑
　　　　法　传记　地理

　　子部　医家　五行　天算　艺术　道家　释家

　　集部　别集　总集

　　(七)《补元史艺文志》　钱大昕撰。大昕字晓征,号辛楣,又号竹汀。乾隆进士,累官少詹事,督学广东。精研群籍,于经史文义、音韵、训诂、典章、制度、氏族、地理、金石、画像、篆隶、无不洞晰疑似。是编之作,盖以元至正儒臣所撰《秘书监志》,仅纪先后送库若干部若干册,而不列书名。明初修史,又不列艺文之科,遂使石渠东观所储,漫无考稽。因取当时文士撰述,录其部目,以补前史之阙。自序兹录其细目于下:

　　经部　易　书　诗　礼　乐　春秋　孝经　论语　孟子　经
　　　　解　小学　译语

　　史部　正史　实录　编年　杂史　古史　史钞　故事　职官
　　　　仪注　刑法　传记　谱牒　簿录　地理

　　子部　儒家　道家　经济　农家　杂家　小说家　类事　天
　　　　文　算术　五行　兵家　医方　杂艺　释道

　　集部　别集　总集　骚赋　制诰　科举　文史　评注　词曲

　　综上所列各家之分类,虽子目不免各有增删改易之处,然大都以《四库》为主要标准。时至今日，图书馆之采用四部分类法者，比比皆是，而清华大学图书馆，又曾将《四库》之分类，用杜威氏十进记号排列，以期便于记忆应用。凡此，皆足见《四库》分类法深入人心，牢不可破之一般，及其兴盛之迹了。

（注一）《雍正东华录》：“康熙六十一年（一七二二）十二月癸亥谕：陈梦雷原系叛附耿精忠之人，皇考宽仁免戮，发往关外，后东巡时，以其平日稍知学问，带回京师，交诚亲王处行走，累年以来，招摇无忌，不法甚多，京师断不可留，著将陈梦雷父子发遣边外。陈梦雷处所存《图书集成》一书，皆皇考指示训诲，钦定条例，费数十年圣心，故能贯穿今古，汇合经史天文地理，皆有图记，下至山川草木百工制造，海西秘法，靡不备具，洵为典籍之大观。此书工犹未竣。著九卿公举一二学问渊通之人，令其编纂竣事。原稿内有讹错未当者，即加润色。”

三　盛极而衰之四部法

《四库》分类法虽然是有计画的改革，但囿于四部之成见，仍不免顾此失彼，捉襟见肘之弊。盖《四库》之类目，虽云细密，但以中国载籍之广，实不足以概括之。况前乎《四库》者，如《通志文艺略》《澹生堂藏书谱》，其分类颇有详细之处，《四库》非但不采用其法，反讥之云：“多分子目，饾饤为嫌。”由此观之，《四库》之分类，固为主观的，为皇帝作装饰，非真有意于条别源流，以有补于学术也。即不言学术，以其体例，核其所归，参差牴牾之处，不可胜计。例如史部本有史钞，而分类摘钞之明范理《读史备志》，入于别史；姚之骃《元明事类钞》，入于杂家。孙之騄《枝语》，取花木菜蔬之类，释其名家，实农家学也，乃入于杂家。陈忱《读史随笔》，应次史评，乃入于小说。如此之类，不一而足。

《四库》归类之不妥，略如上述。兹更条举其类例之不善，以见其本身之谬误。

一、是儒家的分类法　《四库》分类最大之目的，一言以蔽之，即由六朝时遗传来之卫道观念。换言之，即是"尊重儒道"。《经部总叙说》："圣秉圣裁，垂型万世，删定之旨，如日中天，无所容其赞述也。"《凡例》又说："编录遗文，以阐圣学，明王道者为主，不以百氏杂学为重也。"故其取舍标准，一以"敦崇风教，厘正典籍"为要旨，而于释道之书，必择其可资考证者，始著于录。其经忏章咒，朱表青词，乃至倚声填调之作，亦在屏弃之列。吾人试想，不以"辨章学术，考镜源流"为原则，而以"尊崇儒道，褒贬得失"为本旨，这样的分类法，岂非失之太远。

二、分类不以学术为重　《子部总序》说：

儒家尚矣。有文事者有武备，故次以兵家。法，刑也；唐虞无皋陶，则寇贼奸宄无所禁，必不能风动时雍，故次以法家。民，国之本也；谷，民之天也；故次以农家。本草经方，技术之事也，而生死系焉，神农黄帝，以圣人为天子，尚亲治之，故次以医家。重民事者先授时，授时本测候，测候本积数，故次以天文历算。以上六家，皆治世者所有事也。

百家方技，或有益或无益，而其说久行，理竟难废，故次以术数。游艺亦学问之余事，一技入神，器或寓道，故次以艺术。以上二家，皆小道之可观者也。

《诗》取多识，《易》称制器，博闻有取，利用攸资，故次以谱录。群言歧出，不名一类，总为荟萃，皆可采摭菁英，故次以杂家。隶事分类，亦难言也，旧附于子部，今从其例，故次以类书。稗官所述，其事末矣，用广见闻，愈于博弈，故次以小说家。以上四家，皆旁资参考者也。

二氏，外学也，故次以释家，道家终焉。

此种划分，表面看来，似乎很合理论，其实不然。江瑔曾为子书下一定义说："古人著书，必持之有故，言之成理，卓然成一家言者，而后可以名曰子书。"是子书乃是无形之学,换言之,即近世之哲学理学是也。《总目》既称术数,艺术为小道,岂可混入子部。至以非经非史,非子非集之类书一类,置于子部杂家之后,小说家之前,更是不当。<u>胡应麟主入集部、按置于集部之末较妥。</u>

三、类目以书之多寡而定 前面已经说过,四部分类之优点是界限整齐,于学术之源流,则不复计及。故刘氏《七略》,至此仅存其三。兵书、术数、方技、皆以书少而合入诸子。惟六艺略则扩充为经,诗赋则扩充为集。史部则以典籍浩繁而自成一部。以上之分并,虽不能称是,然亦可以勉强。惟以墨家仅存《墨子》《晏子》二书,名家仅《公孙龙子》《尹文子》《人物志》三书,纵横家仅《鬼谷子》一书,寥寥不能成类,乃并为杂家一类,而又分为杂学等六目,不但令人目眩五色,耳淆五音,直可说是自乱家法,破坏学术系统及源流,使后世不复知有名墨纵横之学。

四、分类之标准不一致 《四库》之分类,本以体为主旨。然细考其内容,则固不仅以体为主,而有时亦以义为要也。如史部分类有十五目,《总叙》说:"首曰正史,大纲也。次曰编年,曰纪事本末,曰别史,曰杂史,曰诏令奏议,曰传记,曰史钞,曰载记,皆参考纪传者也。曰时令,曰地理,曰职官,曰政书,曰目录,皆参考诸志者也。曰史评,参考论赞者也。"此说初看,似可言之成理,其实正足以表现其矛盾之处。盖自正史至诏令,均以体为主,而自传记至史评,则又改以义为主也,此等标准不一之分类,不仅使同性质之书列入不同门类,且使学者有无所适从之憾。余如集部既列总集一门,而又别立楚辞一类。凡此,皆采用标准不一致之明证。

总之,《四库》类目之大弊,在于原理不明,分类根据不确定。既存道统之观念,复采义体之分别,循至凌乱杂沓,牵强附会。说理之书与词章并列,纪载之书与立说同部。谓其将以辨章学术,则源流派别不分;谓其将以体制类书,则体例相同者又多异部;谓其将以推崇圣道,排斥异端,则释道之书犹在文集之前,岂谓文章之

于圣教,尚不如异端乎？经史子集之大纲,尚难厘然不紊,况其下者,如是而曰"明类例,"类例固若是乎？四库分类法之研究

《四库》之弊,既如上述之多,因而另立体系,重创新法者,由是而生。最初为孙星衍之《祠堂书目》,继之者有章学诚之《和州艺文略》,张之洞之《书目答问》,缪荃孙之《艺风藏书记》,而《四库》之法,渐呈动摇之状态矣。

(一)《祠堂书目》 孙星衍撰。星衍字渊如,阳湖人。少受知于钱大昕。毕沅为陕西巡抚,召致幕中,沅之著作,多协助而成。乾隆五十二年(一七八七)成进士,授编修,充三通馆校理。散馆改主事,历官山东督粮道,引疾归。累主钟山书院。深究经史文字音训之学,旁及诸子百家,皆心通其义。校雠学史页二二一所撰《孙氏祠堂书目》,分类不依四部,分十二属。每类俱有条释,条其源流。兹录其论史学一条,以见一班。

史学第七:先以正史,次以杂史,次以政书。古今成败得失,一张一弛,施之于政,厥有典则,存乎正史。史臣为国曲讳,或有牴牾,尤赖杂史,以广异闻。朝章国典,著述渊薮,举而错之,若指诸掌,则政书尤要云。

故《郋园读书志》称其"通《汉略》《隋志》之邮,变《崇文》《文渊》之体,体近著述,语者不仅以书目重之"。兹录其分类纲目于下:

经学 易 诗 书 礼 乐 春秋 孝经 论语 尔雅 孟
　　 子 经义
小学 字书 音学
诸子 儒家 道家 法家 名家 墨家 纵横家 杂家 农
　　 家 兵家
天文 天部 算法 五行 术数
地理 总论 分编
医律 医学 律学
史学 正史 编年 纪事 杂史 传记 故事 史论 史钞

金石

类书　事类　姓类　书目

词赋　　总集　别集　词　诗文评

书画

小说

观上所列纲目,可知孙氏分类之用意是:

一、打破四部的成法　如以四部之经部分为经学,小学二类,史部分为史学,地理,金石,三类;子部分为诸子,天文,医律,类书,书画,小说六类等是。

二、规复《七略》之旧例　如天文一类,与《七略》术数略略同,医律一类与方技略相似,诸子一类又与诸子略及兵书略相似等是。

此外如使地理离史部另为一类,及以史部金石款识入金石类,谱系书目入类书类,杂记入小说类等,或并或出,简而得要,疏而不漏。盖孙氏既通经学,长于考据,而于天文,地理、律吕、数术、金石、词赋,亦能辨其源委,挈其大纲。故其部类虽不同于《七略》,而分隶从次,犹有《七略》之遗意。至其门类之分别,委有制裁,可为圭臬者,正复不少。虽其内外二篇之分,尚乏严格之区别,如将唐宋以后之经学著述,大都归于外篇,未免主观太甚。但其能打破千余年来传统的四部成法,斟古酌今,另立体系,则其改革之精神,实在值得钦佩。至其分类得失,亦改革时期应用之现象,一种事业的成功,当然不会一蹴而成。

(二)《和州艺文志》　章学诚撰。是志今所存者,已为残稿,故其全豹,已无由窥见矣。但据所著《校雠通义》而论,其分类主张,是以"辨章学术,考镜源流"为原则。故其分类,多以《七略》为根据。他说:

　　闻以部次治书籍,未闻以书籍乱部次者也……唐人四部之书,乃为后世著录不祧之成法,而天下学术纷然,益无纲纪矣。盖《七略》承六典之敝,而知存六典之遗法;四部承《七略》之敝,敝，而不知有《七略》之遗法；是《七略》能以部次治书籍，而四部不能不以书籍乱部次也。

章氏之意虽云宗刘，但非拘泥《七略》之成法，而将四部之优点一笔抹煞。请看他的表示：

> 凡一切古无今有，古有今无之书，其势判如霄壤，又安得执《七略》之成法，以部次今日之文章乎。然家法不明，著述所以日下也；部次不精，学术之所以日散也。就四部之成法，而能讨论流别，以使之恍然古人官师合一之故，则文章之病可以稍救，而《七略》之要旨，其亦可以有补于古人矣。

又说：

> 《七略》之古法终不可复，而四部之体质又不可改，则四部之中，附以辨章流别之义，以见文字之必有源委，亦治书之要法也。校雠通义宗刘二之七

据上所引，可知章氏之意，并非完全复古，亦非全用四部，而是斟古酌今，定一可以适合"辨章流别"之原则的分类法，可惜此书大半已佚，无由窥索矣。

章氏所撰《和州艺文略》之现存者，只有《史籍考》一部份。其要略有十五项：一曰古逸宜存，二曰家法宜辨，三曰剪裁宜法，四曰逸篇宜采，五曰嫌名宜辨，六曰经部宜通，七曰子部宜择，八曰集部宜裁，九曰方志宜选，十曰谱牒宜略，十一曰考异宜精，十二曰板刻宜详，十三曰制书宜遵，十四曰禁例宜明，十五曰采摭宜详。此与分类无关，兹皆略而不论。详见章氏遗书卷十三至《史籍考》之类目，兹亦迻录于此，以备参考。

纪传部	正史	国史	史稿	
编年部	通史	断代	记注	图表
史学部	考订	义例	评论	蒙求
稗史部	杂史	霸史		
星历部	天文	历律	五行	时令

谱牒部　专家　总类　年谱　别谱

地理部　总载　分载　方志　水道　外裔

故事部　故事　训典　章奏　典要　吏书　户书　礼书

兵书　刑书　工书　官曹

目录部　总目　经史　诗文　图书　金石　丛书　释道

传记部　记事　杂事　类考　法鉴　言行　人物　别传　内

行　姓名　谱录

小说部　琐语　异闻

（三）《书目答问》　张之洞撰。《略例》说："诸生好学者，来问应读何书，书以何本为善？偏举既嫌挂漏，志趣学业，亦各不同，因录此以告初学。"可知是目全为指导当时学者之作。其分类大纲，虽慑于天威不得不遵四部之体，然实较四部为合理。故叶德辉《郎园读书志》说："此目前后屡经删补改刻，故世间传本不同。虽仍四部之旧，与《四库》分类，出入多有异同。大致本之孙星衍《祠堂书目》，参以《隋志》《崇文总目》，不背于古，不戾于今，大体最为详慎。"兹将其分类纲目逐录于下：

经部

正经正注　十三经　五经　四书合刻本　诸经分刻本　附诸

经读本

列朝经注经说经本考证　易　书　诗　周礼　仪礼　礼记

三礼总义　乐　春秋　左传　公羊传　谷梁传

春秋总义　论语　孟子　四书　经考　尔雅　诸

经总义　诸经目录　文字音训　石经

小学　说文　古文篆隶真书各体书　音韵　训诂

史部

正史　二十四史　二十一史　十七史　合刻本　正史分刻本

正史注补表谱考证

编年　司马通鉴　别本纪年　纲目

纪事本末

古史

别史

杂史　事实　掌故　琐记

载记

传

诏令奏议

地理　古地志　今地志　水道　边防　外纪　杂地志

政书　历代通志　古制　今制

谱录　书目　姓名　年谱　名物

金石　金石目录　金石图象　金石文字　金石义例

史评　论史法　论史事

子部

周秦诸子

儒家　议论经济　理学　考订

兵家

法家

农家

医家

天文算法　中法　西法　兼用中西法

术数

艺术

杂家

小说家

释道家　释家　道家

类书

集部

楚辞

別集　汉魏六朝　唐五代　北宋　南宋　金　元　明　清理
　　学家集　清考订家集　清古文家集　清骈体文家集
　　清诗家集　清词家集
总集　文选　文　诗　词
诗文评
丛书
　　古今人著述合刻
　　国朝一人著述合刻丛书
　　张氏分类法最大之改革,为出丛书于子部,而另立一类。按此
亦为暴露《四库》分类弱点最著之一点。盖《四库》不收丛书,故四
部之名,犹可勉强成立,而丛书在明已有,千顷堂列入类书,体例不
合;《四库》之不收,或即此故。且明代丛书不多,不收尚属可行。
乾嘉以后,丛书刊行最多,更有重大之价值,至张氏编此目时,已有
不能不收之势,故张氏说:

　　丛书最便学者,为其一部之中,可该群籍,搜残存佚,为功尤
　　钜。欲多读古书,非买丛书不可。其中经史子集皆有,势难隶
　　于四部,故别为类。

因于四部之外,另立丛书一部,成为五部,而《四库》制不能包含一
切书籍之弱点,至此乃完全暴露无遗矣。至于出周秦诸子之书于
各家,另立周秦诸子一类,更是极有计划。请看他的主张:

　　周秦诸子,皆成一家学术,后世群书,其不能归于经史者,虽强
　　附子部,名似而实非也。若分类各冠其首,愈变愈歧,势难统
　　摄。今画周秦诸子,聚列于首,以便初学寻览,汉后诸家,仍依
　　类条列之。

　　这种画分,既可存周秦诸子之真,去强类相从之弊,复可考其
学术之渊源与流别,使后学无寻检之苦,诚可谓张氏的特识。时至
今日,各家分类之所以别周秦诸子与后世诸家者,推寻事迹,盖即
遵张氏之例也。总之,张氏之分类,虽不能称其全无瑕疵,然在清

末各分类法中,亦可称最详尽,清晰之一种了。

(四)《艺风堂藏书记》 缪荃孙撰。荃孙字炎之,一字筱珊,晚号艺风,江阴人。光绪丙子(一八七六)进士,翰林院编修。殚心著述,暇即日涉海王村书肆,搜访异本,典衣购取。收藏甚富,己未十一月卒于上海,年七十六。是编乃其家藏总目,计记八卷,续记八卷,于古书之源流,刊刻之时日,收藏之印记,记述颇详。至其分类,大都本于孙氏,所不同者,孙氏以天文,医律,各立一类,缪氏则并入诸子类,复书画为艺术耳。兹列其类目于下:

经学

小学

诸子　古子　儒家　道家　杂家　农家　兵家　天文学　术
　　　数学　医家

地理

史学　正史　古史　编年　别史　传记　奏议　纪事　史评

金石

类书　事类　姓类

诗文　总集　别集　诗文评　词曲

艺术

小说

综上所列诸家之分类,虽未能臻科学之地步,然处于《四库》威权极盛之时,能不被当时的势力包围住,而回溯到"辨章学术,考镜源流"这条路上去,不得不引起吾人的佩服。

本章重要参考书

万国鼎:《古今图书集成考略》,见《图书馆学季刊》四卷二期。

刘国钧:《四库分类法之研究》,见《图书馆学季刊》一卷三期。

黄文弼:《对于改革中国图书部类之意见》。

蒋复璁:《中国图书分类法之商榷》。

第五章　西学输入后的图书分类

一　概　论

　　中国历代相传,极有威权的四部分类法,自经孙星衍等之打破或修改后,事实上即已不能维持其原有地位,徒以官府之善于奉行,私家之惮于改革,故仍得苟延其残喘,作最后之挣扎。迨至清末,西学东来,新书迭出,旧有部类,势难统摄,当此之时,书籍之分类,在中国乃成为一大问题。今就其变迁之迹,约而论之,可有下列三个时期:

　　一、混乱时期　中国昔日之图书分类,有一甚佳之现象,即除一二私人外,均依四部成例是也。此办法之优点,虽能使学者无需处处学习特别之分类法,可有整齐统一之效,节省翻阅之劳,然中国分类法所以停滞于非正途的四部法,而不能进于科学范围者,亦是因此。故至清末民初之时,国人大都了然于《四库》法之不足以概括新来学术,因而群谋改革之方,各自为法,不相统摄,故本时代实为我国图书分类最混乱之时期。其中较著者,约有三派:

　　A.旧派　仍沿用《四库》之旧制而稍迁就之,以容纳科学之书籍。

　　B.改革派　此派深明《四库》之不适用,故师孙缪之先例,直接打破四部,另立体系,重创新法,以容新旧图书。

　　C.折衷派　此派鉴于改革派之失败,故复创新旧并行制以调和之。旧籍仍用《四库》分类法，新籍则自定新法，或采西法，以处治之。

二、西法输入时期　此一时期，大都采用西洋图书分类法，以处理中国新旧图书。采用之法，以杜威十进法为最普遍，而略加修改，以期容纳中国之特有书籍。

三、创造时期　西人所定之分类法，能否适合中国国情，实为一大问题，故虽经修改，仍不免有削足适履之弊。因而有不受中国旧有分类法之约束，而纯以西洋方法为原则之新分类法生焉。

近代图书分类之变迁，已略如上述，至其详细各点，请看后面诸节。

二　混乱时期的图书分类

《四库》之增改

清自鸦片战后，海禁大开，西洋学术，乘机输入，国内学术，渐起变化。加以新政既兴，民智日开，公立图书馆亦次第创设于各地。惟其时建立未久，即值辛亥鼎革，类多停顿。民初虽渐恢复，然以经费困难，无所发展，部次之法，仍循旧制。然以中西书籍，种类激增，《四库》之法，已现露襟见肘之象，故乃稍倡改革之议。然笃旧者虑改之未见其优，转授人以击驳之资，辄畏难而中止；或仅增减一二，姑因陋以就简。此清末民初，图书馆所以仍用《四库》旧法之最大原因。今就基于四部之法，酌加变通，以容新出各书者，举例于下，以概其余。

（一）南通图书馆　该馆为张謇所创，为全国县立图书馆中之不可多得者，成立于民国元年，馆舍以东岳庙改建而成，大小凡六十七间；藏书有十余万卷。其分类法为仿张之洞《书目答问》之例而成。兹列其类目于下：

经部

正经正注

诸经合刻本

诸经分刻本

列朝经注经说经本考证

易类

书类

诗类

礼类　周礼　仪礼　礼记　三礼总义

乐类

春秋类

四书类　论语　孟子　论孟总义　　四书总义

孝经类

尔雅类

诸经总义类

诸经目录文字音义类

石经

小学

说文类

文字类

音韵类

训诂类

小学总义类

史部

正史

正史合刻本

正史分刻本

正史注补表谱考证

编年

纪事本末

古史

别史

杂史

载记

传记　圣贤　名人　烈女

诏令奏议　诏令　奏议

岁时

地理

　古地志

　今地志　总论　一统志及通志　郡县志　别志及杂记杂
　论

　水道

　山川　山志　湖志

　边防

　外纪

职官　官制　官箴

政书　历代通制　古代会要　近代典制　民国新制

谱录　书目　年谱　掌故　名物　章程及报告

金石　目录　图象　文字　篆隶

史评

子部

诸子

诸子合刻本

诸子分刻本

儒家　理学　考订　议论经济　教育　杂志及汇报

兵家

法家

农家

医家

天文算法

  天文家

  算法家

术数　占候占卜　命书相书　相宅相墓

艺术

杂家

小说家

释道家

  释家

  道家

类书类

集部

  楚辞

  别集

  总集　文选　古文　骈文　经世文　书牍　课艺　诗赋
     词曲

  诗文评

  科举文

丛书

  古今合刻丛书

  一人自著丛书

（二）江苏省立国学图书馆　该馆创始于清光绪三十四年（一九〇八）就龙蟠里前惜阴书院添筑藏书楼二幢，宣统二年告成，定名曰江南图书馆。民元易馆为局，民八为江苏省立第一图书馆，十六年改为第四中山大学国学图书馆，十八年始改称今名。藏书约十余万册。其分类法，大体仍依《四库》而颇有增易，将新有科学门类，尽量增入。兹据该馆二十二年所印图书目录，列其类目于下：

经部

易类　白文读本　传说　图书　筮法　文字音义　古易　谶纬　沿革

书类　白文读本　传说　文字音义　逸书　谶纬　沿革

诗类　白文读本　传说　文字音义　三家逸诗　谶纬　沿革

礼类　周礼 白文读本、传说、文字音义.　仪礼 白文读本、传说、图说、目录索引.　礼记 白文读本、传说、文字音义、大戴记.　三礼总义　图说　通礼　杂礼　谶纬

乐类　乐理　律吕　乐县　谶纬

春秋类　左传 白文读本、传说、文字音义、史评.　公羊传 白文读本、传说、文字音义.　谷梁传 白文读本、传说、文字音义.　总义 白文读本、传说、文字音义.　谶纬

四书类　论语 白文读本、传说、文字音义、齐古逸、谶纬.　孟子 白文读本、传说、文字音义、逸文.　四书 白文读本、传说、文字音义.

孝经类　白文读本　传说　文字音义　谶纬

小学类　训诂 尔雅、群雅、方言、字诂、释文.　字书 说文、古契文、字典、字体、杂说、训蒙.　韵书 集韵、图说、字母拼音.

经总类　石经　传说　图说　文字音义　师承沿革　目录索引

史部

正史类

108

编年类

纪事本末类

别史类

杂史类

专史类

史钞类　节钞　类钞　摘句　启蒙

史表类

传记类　事状　年谱　志录　图赞　日记　家谱 谱牒、表系、杂录.

　　　　总录 通录、通代、断代、郡邑、专录、儒林、文苑、忠义、孝友、循吏、奸逆、隐逸、艺术、释道、杂品、烈女. 人表

　　　　杂录

载记类

地理类　水道 总录、河、江淮海、郡邑、通论. 山川 山、川. 专志 宫殿、古迹、寺观、祠庙、陵墓、园亭

　　　　书院、杂录. 杂记 总录、唐至明、清代、近代、游亚欧美诸国、外国人著述. 边防 北徼、江海、东南、西徼

　　　　外纪　总录

外国史类

时令类

政书类　通制　仪制 通礼、祭祀、万寿、大婚、临幸、谥讳、纪元、科举、宫闱、杂仪. 职官 官制、官箴.

　　　　邦计 理财、全国财政、各省财政、关权、漕赋、海运、盐法、捐税、货币、荒政、杂录. 邦交 总录、中日、中

　　　　俄、各国、租界及领事裁判权、商约、国联. 军政　律例　诏令　章则　奏议

　　　　议案　实业　交通　教育　党务　公报 中央、府、市省、县.

　　　　杂录

目录类　解题考订　史志　方志　族志　类录　题识赏鉴

　　　　家藏总目　公藏书目　特编　丛录　版刻　书景

　　　　样本　检目　藏书史　藏书约　义例　图书馆学

金石类　总类 目录、图象、文字、通考、题跋、杂著、传记. 金文 目录、图象字、杂著. 钱币 图象、文字、

109

题跋、杂著. 玺玉[文字通考] 石经、通考、题跋、义例[目录、图象、文字、石] 玉通考[图象、] 甲

骨字书[文字.] 匋文字[图象、] 竹木 郡邑[目录、图象、文字、题跋、杂著.]

史评类　史法　考订　论事　咏史

史总类　总录　专录　杂录

子部（未见）

集部

别集类　周秦汉诗文　魏晋诗文　南北朝隋诗文　唐代[诗文、词.]

五代[诗文、词.]　宋代[诗文、词.]　金代[诗文、词.]　元代[诗文、词、散曲、杂剧、传奇]　明代[诗文、词、曲、散曲、杂剧、传奇、制艺.]　清代[诗文、词、曲、散曲、杂剧、传奇、制艺、楹联]　现代[诗文、词、曲、制艺、楹联、新文艺.]　外国

总集类　赋编[楚辞、古赋、律赋、清律赋.]　诗编[断代、通代、郡邑、氏族、闺秀、杂录.]　文编[同诗编.]　词编[同诗编.]　曲编

文评类　通论　文学史　体制源流　文法　律谱[文、诗、词、曲.]　评论[文、诗、词、曲、制艺、试帖、公文、楹联、新文艺.]

集丛类　诗文　词　曲　文评

上列二种分类，皆根据《四库》之制，而略加增改者也。至其增改之理由，盖以《四库》之法，实有下列诸弊：

一、不详尽　挽近学术日繁，典籍日伙，文章流别，历代增新，有是一家，即应立是一类；有是一体，即应立是一格。医学一类，身体百肢，疾症千百；中西药石，毋虑万种，以医家一类总之，难免捉襟见肘。故以九十四类类《四库全书》则可，以之类今日群籍则实不可。

二、不该括　近人为学，新旧兼治；图书内容，中外并陈；文字有中外之分，学术无国别之限。有旧而无新可乎？有诸子而无哲

学可乎？有诗赋而无戏曲可乎？有中国史而无外国史可乎？有释道而无耶教可乎？

三、不合理　释道分割，而名墨不列家；《四书》入经部，而孔门弟子夷于外；史部不以时次而以体别；子部庞杂，不成一家之言；集部诗文不分而出词曲。其卤莽灭裂，是非颠倒，不一而足。

四、无远虑　《四库》之法，以成书为根据，未为将来着想。新出之书，无可安插；后起之学，无所归依。经史子集非学术之名，而强为图籍之目。圣道之外，不复知有科学。校雠新义

《四库》分类用于近日科学盛行之际，既有上列诸弊，而新分类法又未产生，故二家乃不得不据《四库》之旧制，增加新目，以容新出诸书，其增损之苦心，固足钦佩。然《四库》分类之原理，根本即已错误，如之何可据之以增减也。且分类法之编纂，首在计划之周密，系统之一贯，各类平衡，首尾相应，是为至要，况图书馆之目的，在供人之用，不能有所批评其方法；在搜罗一切文献，不能有所遗漏，而《四库》之类目，既寓褒贬，复多甄别。故图书分类一事，若必泥守《四库》而涂鸦添足，实难免削足适履之弊。据此，则《四库》分类法之能否应用于现代图书馆，盖可知矣。

最初的改革

《四库》分类法虽经各图书馆之增改而应用，然仅能为过渡时代之权宜办法，实未能传之久远，为近代图书分类法之正轨。且以工艺之书入之政书，教育之学入于儒家，其牵强附会，已贻识者之讥。于是以外来之影响，事实上之困难，新的图书分类法，即因此而生了。

考我国最初编制新法以容新旧图书者，当以古越藏书楼为首，继之者为南洋中学。二家之法，虽距科学之涂径尚远，然能彻底打破我国已成为金科玉律之四部，另创新的图书分类法，其创造之勇气，是值得吾人钦佩的。

（一）古越藏书楼　该楼建于清光绪三十年（一九〇四）是时新学之书已有不少，故该楼以时势上之要求，不得不有所变通，以融新旧于一炉。其藏书章程之宗旨说：

本楼创设之宗旨有二：一曰存古，二曰开新。

又说：

学问必求贯通，何以谓之贯通？博求之古今中外是也。往者士大夫之弊，在详古略今，现在士大夫之弊，渐趋于尚今蔑古。其实不谈古籍，无从知政治学术之沿革；不得今籍，无以启借鉴变通之途径。故本楼特阐明此旨，务归乎平等，而杜偏驳之弊。

至其分类，则混经史子集及新学之书为学政两部。[注一]其《藏书规程》说：

本楼所藏书籍分二类：曰学部，曰政部。凡悖理违道之书，一概不收。

又说：

明道之书，经为之首，凡伦理、政治、教育诸说悉该焉。包涵甚广，故不得已而括之曰学部。诸子，六经之支流；文章，则所以载道。而骈文词曲，亦关文明，觇世运，故亦不得蔑弃。至实业各书，中国此类著作甚少，附入政部中。

此可知其书籍之分类，全在融新旧于一贯，故曰"存古，""开新，"皆"归乎平等，而杜偏驳之弊。"不似其他各家之强人之四部，可称特识也。兹列其类目于下，以供参考。

学部　易学　书学　诗学　礼学　春秋学　四书学　孝经学　尔雅学　群经总义学　性理学　生理学　物理学　天文算学　黄老哲学　释迦哲学　墨翟哲学　中外各派哲学　名学　法学　纵横学　考证学　小学　文学

政部　正史兼补表补志考证　编年史　纪事本末　古史

別史　杂史　载记　传记　诏令　奏议　谱录　金
石　掌故　典礼　乐律　舆地　外史　外交　教育
军政　法律　农业　工业　美术　稗史

观上所列类目,足见其分类,实具有最大之勇气与计划,可惜
仅知求新旧之一贯,而于其内容,未能细心考核,至以《四书》另立
一部,名之曰"四书学,"《三教总论》附入释迦哲学,耶稣及五洲诸
教附入墨翟哲学,牵强难安,而贻识者以"类别不当"之讥。

(二)南洋中学藏书目　陈乃乾编。是目编于民国八年(一九
一九)以时代较后,故其分类,较之前者,又有进步。其与《越目》
不同者,《越目》将新旧之书融为一贯,此则纯为中国旧籍分类之
改革,盖此时已渐进为并行制矣。至其分类之体例,汤济沧《叙》
中略有论及,其言曰:

书目之编制,亦颇费斟酌,《四库》之名,最不妥者为经,《尚
书》记言,《春秋》记事,皆史也。《毛诗》为有韵之文,《三礼》
亦史之一类,而孔孟之在当日,与老庄管墨商韩等何别。自汉
武罢黜百家,尊崇儒。后人踵事增华,经之数,增十之三。今
政体革新,思想家不复如前次之束缚,此等名目,将必天然淘
汰,大势所趋,无可避免。如儒家者,仍列为九流之一可已。
故本书目不用四部之名,区其类为十有三,如或惬心贵当,而
逐渐厘正,责在后起。

据汤氏所言,可知是目分类之宗旨,乃在将由六朝时传来之卫
道观念,根本推翻,首先对经部作严烈的攻击,而以一向奴视之一
切书籍与之并列,其勇敢之态度,实为吾人所值得钦佩的。其详目
兹列于后:

周秦汉古籍

历史　尚书　春秋　杂史

礼制

易

113

诸子　儒家　兵家　法家　墨家　道家　杂家　合刻

诗文　诗　文

古籍总义

古籍合刻

历史

官修史

私家撰述　编年　纪事本末　正史　杂史

传记谱牒　列传　别传　氏族谱牒

论述　史评　史钞

政典

总志

礼乐

职官仕进

兵制屯防

刑法

盐法

农政水利

地方志乘

区域　总志　省志　府州县分志　私家记述　古代志乘
　　　市镇

山川　总志　分志

古迹

居处　书院　祠庙

小学

说文

字书

音韵

训诂

汇刻

金石书画书目

　金石　　目录　图谱　论辨

　书画　　目录　图谱　论辨

　书目

　杂录

记述

　读书论学　群籍分考　杂考　论述

　修身治家

　游宦旅行　各家撰述　汇辑　外域

　名物

　掌故

　杂记

天文算法

　中法

　西法

　中西合参

医药术数

　医经

　本草

　术数　道家　五行占卜

佛学

　经藏（大乘）　华严　方等　般若　法华　涅盘

　经藏（小乘）

　论藏（大乘）　宗经论　释经论　诸论释

　论藏（小乘）

　杂藏（西土撰述）

　杂藏（中土撰述）　净土宗　台宗　禅宗　贤首宗　慈恩

　　综观上列二法,虽宗旨各有异同。越目重在新旧一贯、南洋中学目则偏重于旧籍.然其主要之目的,则全为打破四部之旧例,如《越目》之混合经史子集及新书,而分为学政两大部。《南洋中学书目》之以《尚书春秋》编列为史,与《国语》《战国策》等古杂史并列;废集部之名,而提诗文词曲为二类等,足见四部之名,在学术昌明之近代,已无立足之地矣。

新旧并行制之产生

　　前述新分类之创造,虽已将中国金科玉律式之《四部》澈底打破,其创造性固足钦佩,然当新旧交替之际,二法又属草创,故恒将各种学术任意列入一类,妥当与否,概未计及。而于类名之采用,更多含糊武断之处,如《越目》学政二部之名,究何所区别。学犹可言,然字义之范围甚广,盖知识固无不可名之为学也。政则意义晦而不明,分类杂而不精,内包史地,犹旧日之遗说,若书画小说,亦列之政部,诚不知其意义之所在。《南洋中学书目》所列周秦汉古籍一部,既以性质为别,则不应专立一部以作区别,盖周秦汉之古史,皆可入于历史之部也。

四部之法,既不适于近代图籍,新创之法,复难免武断附会之讥,于是一般办理图书馆者,遂有新书旧书之分。旧书仍以《四库》法隶之,新书则凭己意,从事分类。新旧并行之制,由是生焉。此制最初见于论文者,为孙毓修氏所著之《图书馆》,载于《教育杂志》第一二两卷各期中。其言曰:

> 新书分类,断不能比附旧书联为一集者,以其统系至广且博,非四部之界所能强合也。惟事方草创,前乏师承,适当为难耳。

故孙氏乃本之欧美通行之类别目次,量为变通,分为二十二部,以隶新学之书,兹将其类目详列于后。

哲学部

　总记类　字书　哲学史

　论理学类

　心理学类　生理心理学　催眠术　记忆法

　伦理学类　总记　伦理史

宗教部

　佛教类　总记　佛教史　法规　经典　疏解　因明

　耶教类　总记　耶教史　经典　疏解　寺院

　诸教类

教育部

　总记类　教育学　儿童教育　教育史　教育制度法令　学
　　　　事报告　统计

　实地教育类　学校管理法　教授法　各科教授法

　普通教育类　幼稚园　家庭教育

　体育类　体操　学校卫生

　特殊教育类　农业　学校园　水产　工业　女子教育

　校外教育类　读书法　格言　童话　少年书

文学部

　　诗文类　　唱歌　军歌　日记　诗文评

　　文典类

　　函牍类

　　字帖类

　　戏曲类

　　小说类

　　演说类

　　书目类

　　语学类　　国语　外国语　字书　会话　文典　自修书

历史地志部

　　历史总记类　　世界史　年表　字书　历史地理

　　本国史类

　　外国史类

　　传记类

　　史论类

　　地理总记类　　政治地理　经济地理　人生地理　　地理史
　　　　　　　　　地学　字书　万国地理志

　　本国地志类

　　外国地志类

　　游记类　　指南

　　地图类　　本国　外国

国家学部

　　总记类　　字书　政治史

　　国法学类　　宪法　议院法　选举法

　　行政法行政学类　　地方行政　内务行政　财务行政　　行
　　　　　　　　　　　政裁判

法律部

118

总记类　字书

法理学类

古代法制类

刑法类

民法类　注册

商法类　外国商法　商标

裁判所构成法类

民刑诉讼法类　总记

判决例类

国际法及条约类　国际公法　　国际私法

经济财政部

经济类　字书　经济史　货币　贮金　保险　殖民

财政类　财政学　租税　关税

社会部

社会学类　社会史　职业　慈善事业　风俗

统计部

统计学类　统计表

数学部

总记类　字书　表解

算术类

代数学类

几何学类　曲线法　几何画法

三角法类

解析几何学类

微积分学类

理科部

总记类　字书　挂图　笔记帐

物理学类　磁气　电气

化学类　无机化学　有机化学　分析化学

天文学类　历书

地文学类

气象学类

博物学类　总记　生物学　人类学　动物学　动物解剖
植物学　植物生理　矿物学　地质学　地震学

医学部

总记类　字书　医学史　器械　试验问题答案　看病学
针灸按摩

解剖学类　局处解剖　病理解剖　组织学

生理学类　生理卫生

药物学类

治疗法类　电气治疗　救急法　处方

病理学类

诊断学类

内科学类

外科学类

诸病学类　精神病　皮肤病　眼科　喉症　鼻科　齿科

妇科学类　产科　妇女卫生

小儿科学类

法医学类

医化学类

霉菌学类

显微镜学类

卫生学类　卫生法规　养生法

兽医学类

工学部

总记类　字书　用器画法

120

土木工学类　铁道　道路　桥梁　治水　筑港

机械工学类

造船学类　舶用机关

电气工学类

建筑术类

采矿冶金学类

测量学类

航海学类

兵事部

　　总记类　赤十字　军事卫生　图画

　　陆军类　服制　军队教育　步兵　骑兵　炮兵　工兵　辎
　　　　　　重　图画

　　海军类　军舰　图画

　　兵器类

　　武艺类

美术及诸艺部

　　书画类

　　写真类

　　印刷类

　　雕刻类

　　音乐类　乐器

　　游戏游艺类　煮茶　种花　盆栽　博弈　舞蹈　相扑　击
　　　　　　　　球　游猎　泅水　赛马　赛船　自转车

产业部

　　总记类　历史

　　农业类　总记　史传　字书　农政　农历　种子　农业
　　　　　　农业经济　农具　农业土木　农业理化　气候
　　　　　　肥料　土壤　农业制造　除害法　耕种栽培　茶

園　備荒

園艺类　园亭建筑　花卉栽培　果树栽培

山林类　树木栽培　林政

畜牧类　养禽　饲蜂

水产渔业类　水产制造法　渔业

养蚕制丝法类

商业部

总记类　字书　商业史　商业地理　度量衡　商业算术

商业经济类

商品类

银行类

公司类

外国贸易类

报告类

簿记类　银行　家计　农工业

交通类

工艺部

总记类　字书　历史　目录

化学工艺类

化妆品制造类

饮食物制法类

机织类

金木工类

家政部

总记类

裁缝类

手艺类

烹饪类

丛书部

杂书部

至于图书馆之用此制者,如:

(一)无锡图书馆　其旧时图书,仍依《四库》分经史子集丛五部,而近时图书则分为六部,其细目为:

政部　内务类　外交类　财政类　陆海军类　司法类　教育类　农工商类　交通类

事部　历史类　舆地类　人事类

学部　伦理学类　哲学类　宗教类　数学类　格致类　医学类　教科书类

文部　近人著集类　小说类　字典文典类　图画类　外国文书类

报章部　杂志类　日报类

金石书画部　法书类　名画类

(二)浙江公立图书馆　该馆系改清光绪二十九年(一九○三)学政张亨嘉奏建之藏书楼而成。原址即今之新民分馆民国元年,又于文澜阁西空地上建新舍,是名曰浙江公立图书馆。今改称浙江省立图书馆,馆址系绍兴汤寿潜捐资所建。其旧有馆址,即今日之孤山分馆。其图书之分类,总分为"保存"、"通常"二种。保存类又分甲乙二部,均以经史子集四部法分隶。通常类又分甲乙丙丁四部,其内容如下:

甲部　经　史　子　集　丛

乙部　宗教　哲学　教育　文学　语言　历史　传记　地理　纪行　国家　法律　经济　财政　社会　数学理学　医学　工学　兵学　美术及诸艺　产业　交通　丛书　字汇书

丙部　依杜威十进法

丁部　依杜威十进法

(三)河南图书馆　该馆为清末河南提学使孔祥霖所创,于宣

统元年（一九〇九）二月开馆。其图书分类,旧书依经史子集丛五部分隶,新书部则分为时务,通俗两部。其细目为:

时务部　西政　各国史　公法　法政　财政　教育　陆军
　　　　海军　地理　水利　农学　工业　商务　医药
　　　　格致　化电力声光　矿务
通俗书　哲学　数理　伦理　神怪　社会　医学　文学
　　　　教育　史学　地理　政法　侦探　兵学　言情
　　　　商学　农学　工学　杂书

（四）广西图书馆　该馆于清宣统元年（一九〇九）由广西全省自治局会办唐钟元发起捐款,建筑馆舍,三年落成。今改称广西省立第一图书馆其图书分类分初编上编二部,初编以科学书当之,上编以历代经史子集当之。其科学书部之内容为:

教育部　教育总类　教育制度类　教授法类　教育纪录
　　　　类
政法部　政治类　法制类　经济理财类　警政类
军学部　陆军总类　步兵类　马兵类　工兵类　炮兵类
　　　　辎重类　海军类
实业部　实业总类　农业总类　农业蚕桑类　农业畜牧
　　　　类　农业种植类　工艺类　商业类
哲学部　杂类　心理学类　论理学类
医学部　医药理类　生理卫生类
修身部　修身总类　修身教科书类　修身教授书类
经学部　经学教科书类
国文部　文学类　尺牍类　字帖类　国语类
外国文部　英文类　东文类　法文类
历史部　历史总类　本国历史类　东洋历史类　西洋历
　　　　史类
地理部　地理总类　中国地理类　地理图表类　地理杂

124

类

算学部　　算术类　　代数类　　三角类　　几何类　　珠算类

理科部　　理科格致类　　化学类　　矿物学类　　植物学类
　　　　　博物学类　　动物学类　　物理学类

体操部

图画部　　图画教科类　　几何画类

乐歌部

杂志部　　杂志总类

小说部

（五）安徽图书馆　　该馆成立于民国二年（一九一三）。初以文昌宫及存古学堂为馆址。十年始以旧藩署为馆舍。今改称安徽省立图书馆其图书分类，亦分新旧两部，旧书以经史子集丛五部分类，细目多采自《书目答问》。新书则分为六部，其部类为：

文科部　　文学类　　音乐类　　美术类　　小说类

哲科部　　总论类　　心理学类　　伦理学类　社会学附　论理学
　　　　　类

政科部　　政法类　　财政类　　经济学类统计学附　教育类　　陆
　　　　　海军类　　实业类

理科部　　医学类　　卫生学类　　算学类　　博物学类　　理化学类

杂部　　杂书类

外国文部　　英文类　　法文类　　德文类　　日文类

（六）江苏省立第二图书馆　　该馆成立于民国三年（一九一四）九月。今改称江苏省立苏州图书馆其图书分类，除依《四库》分经史子集丛五部外，另立一新书部，内容为：

文学部　　教育　　国文　　各国文　　伦理哲学名学　　中国历史
　　　　　各国历史　　地理　　算学　　格致　　尺牍　　小说
　　　　　公报杂志

政事部　　法政　　刑律　　各国法律　　各国政书　　外交

实业部　理财　农学　工商　医学　图画　美术

此外如广东图书馆之新书,则分为:

行政　经济　教育　军政　格致　法政

江苏天上市图书馆又分为:

文学　理学　法学　医学　教育　实业　丛书　日报

而云南图书馆又有科学部之分,其内容为:

法政　财政　军事　警察　教育　伦理学　文学　历史
地理　博物　理化　算学　乐歌　体操　图画　手工
农业　工艺　商业　杂著

观上所列各法,颇具斟酌调停之苦心。虽其门类之分配,各有理由,然细核其内容,则武断乖戾之处,实亦不少。如将理化算术哲学伦理等入之文学类,其为谬误,不待言也。

新书之分类法,其概略已如上述,至于旧籍分类之改革,亦有叙述之必要。如清华大学图书馆戴志骞氏对于旧书之分类,虽仍依四部之旧,然于各部之中,再以十进法分之,乃合类名与号码以为标记。兹录其类目于下,以资参考。

经部

000	群经类	510	左传
000	群经合刻本	520	公羊
010	群经总义	530	谷梁
100	易类	600	四书类
200	书类	610	学庸
300	诗类	620	论语
400	礼类	630	孟子
410	周礼	700	孝经类
420	仪礼	800	尔雅类
430	礼记	900	小学类
500	春秋类	910	说文

| 920 | 字书 | 940 | 韵书 |
| 930 | 训诂 | | |

史部

000	总史类	410	历代通制
000	正史合刻本	420	各代旧制
010	正史分刻本	430	仪制
020	编年	440	法令
030	纪事本末	450	军政
040	古史	460	邦计
050	别史	470	外交
060	载史	480	考工
070	杂史	490	掌故杂记
080	传记	500	职官类
100	诏令奏议类	510	官制
110	诏令	520	官箴
120	奏议	600	谱录类
200	时令类	610	书目
300	地理类	620	家乘年谱
300	总志(附图)	630	姓名年龄
311	都会郡县志(附图)	640	盛事题名
320	河渠	700	金石类
330	山川	710	目录
340	边防	720	文字
350	外记	730	图象
360	游记	740	义例
370	舆地丛记	800	史钞类
400	政书类	900	史评类
		910	论史法

920　论史事

子部

000　诸子类	500　医家类
000　诸子合刻本	600　天文算法类
010　诸子分刻本	700　艺术类
020　杂家	800　释道阴阳类
030　类书	810　释家
100　儒家类	820　道家
200　兵家类	830　术数
300　法家类	900　小说类
400　农家类	

集部

000　总集类	100　楚词类
010　文选	200　先唐别集类
020　古文	300　唐别集类
030　骈文	400　宋别集类
040　经世文	500　金元别集类
050　书牍	600　明别集类
060　课艺	700　清别集类
070　诗赋	800　现代别集类
080　词曲	900　诗文评类
090　科举文	

继之者有江西省立图书馆,兹据其民国二十四年(一九三五)出版之《图书总目》趋录于左:

100　经部	102　书类
101　易类	103　诗类

128

上列二法,虽较《四库》旧制略有系统,然大体未脱四部,而标记之应用,似亦欠妥,故戴氏试用未久,亦即废弃也。至对于旧书部类加以讨论者,有傅振伦氏之编制《中文书目之管见》一文,刊于《北大图书月刊》二卷一期。其言曰:

四部之分，在昔已不能部勒群书；今日学科纷繁，尤难该尽……值兹新旧交替，尚无允当办法之际，自不得不暂编临时书目——过渡书目，以资应用。窃以为居今而编过渡书目，则莫如酌变四部之类目，以编吾国旧体制书籍之目录；依杜威之十进分类法，以编吾国新体制书籍之目录。

据此，可知傅氏虽亦主张新旧并行之制，而其主要目的，则在于增改我国旧籍之部类也。至其所订类目，共分二十二部，部下复分为类。兹录于此。

总部上

　　目录类　书目　经籍

　　图表类

　　类书类

　　辑佚及校勘

　　丛书汇刻　一人著述者　古今人著述者

总部下

　　传记类　记事　类考　法鉴　言行　人物　别传　内行

　　　　　　名姓　谱录　家传　地方　人物　杂事

　　杂家类

　　小说类

经部　类目宜本朱彝尊《经义考》

小学部　类目宜本谢昆启《小学考》

史部

　　史家　纪传体　编年体　纪事本末体

　　史学　史评　史考　史论

　　杂史类　别史　外纪　古史　史纂　史钞　节要　国别

　　　　　　载记

　　政书类　典要军政、典礼、邦计、食货、刑法、吏书
　　　　　　　　　训典、诏令、章奏.

谱牒类　专家　总类　年谱　别谱
地理部
　　图经类
　　总载类
　　分载类　沿革　形势　山川　水道　名胜　古迹　陵墓
　　　　　　寺观　都邑　宫苑　书院　道场　风物　游记
　　　　　　杂记　边徼　外国
　　地方志类　一统志　通志_{总志附}　府州厅县等志
考古部
　　周秦诸子
　　儒家
　　释家
　　道家
　　兵家
　　法家
　　农家
　　医家
　　天文
　　算法
　　术数
　　艺术
　　诗文
　　词曲
至其分类之理由,则谓:
王俭《七志》,有图谱志以纪地域及图书,阮氏《七录》,图画各
附本录,谱载纪传之末;《通志》有《图谱略》。今日编目,则统
图谱总述之属而著录之。分述者分见各部。而以纪地域者,
入地理部。

《通志校雠略》曰："类书者,谓总众类,不可分也。"故以入总部。又曰："古今编书,所不能分者五:曰传记,曰杂史,曰杂家,曰小说,曰故事。"《四库全书总目》子部小说类杂事之下属曰："纪录杂事之书,小说与杂史,最易混淆。"今日编目,杂史应入史部,故事应列史部政书类。

此可知傅氏鉴于四部之法,既无以睹学术之流别,复不足以赅近日繁兴之科学,故乃参酌旧说,订立适当之法。虽其法未能周备,亦足见氏之苦心矣。

综观上列诸法,大都分为新旧两部,或竟分成数部,其斟酌调停之苦心,勇于改革之精神,未始非中国图书分类法前途之幸也。实则新旧并行之弊,固较墨守四部之旧制为尤甚,兹请略言此制之窒碍。

一、标准无法规定　图书分类,贵有简单明了,而应用之时,又能始终一贯之标准。夫书之新旧,本无一定界限,而强以图书之新旧为部类,试问其新旧标准之规定,将以何者为依据? 以吾人思之,不外乎下列三种:

A、以出版之年代为准;

B、以书籍之装订为准;

C、以固有之类目为准。

以出版之年代为标准者,自表面上观之,似可定新旧之界限,然以光绪九年(一八八三)刊本清丁韪良著《格物测算》,与民国十九年(一九三〇)商务印书馆出版之宋袁枢《通鉴纪事本末》,二书之分类,将以何者为新,何者为旧? 以书籍之装订为标准者,形式上虽甚整齐,实质上既无意义,复增紊乱。如《老子》一书,其泰东书局出版者为西式平装,而我国固有之本则为中式线装。其中式装订者,依《四库》法列入子部道家,而平装者则入新法哲学,同是一书,以装订之不同而异其类目,是不啻自乱其类例也。至以固有之类目为准者,则旧制中有政书,新法中又有政治;旧制中有乐类,有艺术,新法中又有音乐,有美术,此又将如何规定呢?

二、同类之书不能归入一处　郑樵《校雠略》说:"一类之书,当集在一起,不可有所间也。"美国卡特氏 Cutter 又说:"图书分类,是集合各种图书,选择其性质相同的放在一处。"此足见图书分类一事,古今中外,都是以达到"同其所同,异其所异"的境界。而新旧并行制之分类乃适得其反,如《荀子》一书,旧入子部儒家类,而近人陈登元之《荀子哲学》一书,以新旧之标准,乃不得不列入新书哲学内。又如孙诒让《墨子闲诂》与梁启超之《墨经解释》,同为研究墨子之书,然前者为线装,后者为平装,以装订之不同,乃不能归于一部。总之,此等分隶,不特违犯图书分类之定义,即自乱家法之讥,亦所难免也。

三、管理困难　图书既以新旧标准之关系而使同类之书,未能归于一处,故管理上之困难,势所难免,如浙江公立图书馆之分为数部,其纷然扰乱之状况,不言可知。此不独阅者难得要领,即管理员之检寻书籍,亦须详记其出版之年代,或装订之形式等,而后始可知其书之属何类,亦不胜其烦矣。

总之,以新旧并行制治今日之各种图书,实已成为不可能之事实,观诸家目录著录之谬误,如《尼罗海战史》入旧书兵家类,而《日本海大战》则入新书军事类,同性质之书,歧而二之,已觉不安。若《古文辞类纂》与《古文辞类纂精华》,同为一书,不过全本与选本之别耳,或入旧书总集类,或入新书文学类,更滋疑窦。又如清世本之《蚕桑辑说》,入旧书农家类,而元俞宗本之《种树书》入新书农业类。同性质之书,而时代之先后与书之新旧适得其反,此又何以为解乎? 图书馆组织与管理盖新旧既无一定标准,则其舛谬矛盾之处,亦自然之理,必然之势也。

(注一)《古越藏书楼书目》旧分经史子集时务五部,编为三十八卷。其后始改分学政二部,编为二十卷。

三 杜威十分法之输入

中国过去所有的《七略》《四部》,在科学昌明的今日,既已不能应用,新的合于科学方法的分类法又未产生,在这种过渡的时期,于是便有采用西洋任何一种分类法,来代替中国原有分类法的图书馆。关于西洋分类法之是否合于我国国情,姑且不论,试回头略及西洋分类法之大概情形。

分类之沿革

西洋图书分类,有人谓起自埃及及希伯来时代之寺院图书馆。亦有人谓起自亚速 Assyrian 及巴比伦 Babylonian,二说虽皆持之有故,然无确实证据未可凭信。故今日言西洋分类者,多以亚里士多德 Aristotle 为始。亚氏之年世为 384－22B. C.,其所著《思考论》Organon 一书中,有不少标题,俗名之曰"嘴范"Predicables,以其可施于任何事物之限制名称也。其为数凡五,以今语释之,即"属"、"类"、"异"、"通性"、"偶性"是也。以此五者,则可限定《思考论》中之十范——实体,数量,性质,互系,地方,时间,情况,享有,动作,容受。此乃亚氏用以区别知识各部之要素者,而近代生物学家之分类,大都以此为基础。

亚氏又在其 Metaphysics 等书中,将人类知识分为历史、文学、哲学三部。后来英国哲学家培根氏 Francis Bacon(一二一四——九四)复将三部分为若干小类,成为下列方式:

历史

　自然历史　进化史

　文化史　宗教史　文化正史　古代史　全史　传记　记事

世界志　学术　别史

文学

　　叙事的

　　戏曲的

　　寓言的

哲学

　　神学

　　自然的　理想的　实用的　数理的

　　人类的　人类哲学　文化哲学　谈话　会议　中央或地方

　　　　政府

这就是西洋图书分类法的滥觞。其后如英之爱德华氏 Ed-wards,（注一）桑纳新氏 W, Swan Sonnenschein,（注二）勃朗氏 Brown,（注三）意大利之庞奈节 G. Bonazzi,（注四）法之布拉特 Brunt,（注五）德之哈特维 Hartwig,（注六）以及美之哈里士 Harris,（注七）斯密士 Smith,（注八）卡特 Cutter,（注九）杜威 Dewey 等,大都按着学科自成一种图书分类法。其原则大抵相同,不过分类的细目和方法各有不同而已。现在把这些分类法归纳成下列三种:

一、以字母作符号　如卡特氏分类法是。

二、以字母和数目作符号　如勃朗氏分类法是。

三、完全以数目作符号　如杜威氏分类法是。

以上三种方法,经各图书馆学专家研究之结果,以杜威法较为便利。因此,杜威分类法便风行一时。

杜威的十进法

杜威名麦尔费尔,Melvil Dewey,一八五一年生于美国纽约省之约福生乡。生平以改进图书馆管理方法为职志,历任各大图书馆重要职务,于图书馆教育之运动,孜孜不倦,历五十年如一日。其法创始于一八七三年,用于晏摩斯得大学图书馆。继在一八七六年隐名发表,书名为《图书馆图书刊物目录排列分类法及科目索引》A Classification and Subject Index for Cataloguing and Arrang – ing the Books and Pamphets of a Library 其后逐次增订,一九二二年已出至十一版,篇幅近千页,初版仅四十二页今十三版亦早出版,改进之处甚多,如心理学一部之扩充是。又如科学一项,新版视旧版多六十余面,其中植物一门,尤属详赡。

杜氏分类表之编制,其法将一切学问,分为九类,每类识以亚拉伯数字一,1–9,九数字分加在九类上。九类之外,凡属普通书籍,或包罗万有者,如百科全书,辞典,报章,杂志等,不能归入任何类者,则归一总类,以0记之,共成十大类。以下"项""目"等,皆以此法记之,至于无穷,但0尝指该"项""目"中之总类。大抵每一数字,各有专指,颇具有助记忆之特色。如553.7指类5,自然科学;项5,地质学;目3,经济地质学;小数后支目7,矿水,由疏而密,由普通而特别,故其法最便利之点为:

A,简明易于领会,记忆,应用;

B,有伸缩性;

C,记号简单;

D,凡文字作品,即小如残篇便录,均可应用;

E,有助记号。

至其十进分类之大纲则为:

000	总类	080	特别藏书
010	总目录	090	珍籍
020	图书馆科	100	哲学
030	百科全书	110	玄学
040	总论集	120	玄学问题
050	杂志	130	心身
060	会报	140	哲学派别
070	新闻报纸	150	心理学

160	论理学	430	德语
170	伦理学	440	法语
180	古代哲学家	450	意大利语
190	近代哲学家	460	西班牙语
200	宗教	470	拉丁语
210	自然神学	480	希腊语
220	圣经	490	其他
230	教理神学	500	自然科学
240	实际神及信仰	510	数学
250	传道牧师	520	天文学
260	教会寺院	530	物理
270	宗教史	540	化学
280	基督教寺院及教会	550	地质学
		560	古生物学
290	非基督教	570	生物学
300	社会学	580	植物学
310	统计学	590	动物学
320	政治学	600	应用技术
330	政治经济	610	医学
340	法律	620	工学
350	行政	630	农学
360	团体社会	640	家政
370	教育	650	交通及商业
380	商业及交通	660	化学工艺
390	风俗习惯	670	制造
400	语言学	680	手工业
410	比较语言学	690	建筑
420	英语	700	美术

710	庭园	860	西班牙文学
720	建筑	870	拉丁文学
730	雕刻	880	希腊文学
740	图案	890	其他
750	画	900	史地
760	雕版	910	地理及游记
770	照相	920	传记
780	音乐	930	古代史
790	娱乐	940	欧洲史
800	文学	950	亚洲史
810	美国文学	960	非洲史
820	英国文学	970	北美洲史
830	德国文学	980	南美洲史
840	法国文学	990	大洋洲及两极史
850	意国文学		

　　杜氏之法,不但易于记忆运用,即其类目之顺序,亦有相当的意义。如世界先有宇宙,而后始有万物;故以"一"代表哲学,以表示万物之始之意。有了哲学思想,而后始有宗教,故以"二"代表宗教,盖宗教为哲学之一种定论也。原始时代先有宗教之信仰,然后社会能团结,故用"三"代表社会科学。社会成立,人与人之间发生关系,而言语渐趋于统一,故以"四"代表语文学。有语文,然后能研究自然科学,故用"五"代表自然科学。先有科学之理论,然后始能发生科学的应用,故用"六"代表应用科学。人生必要的科学有了基础,生活始有秩序,而后始可以余力从事于艺术和文学,故以"七"和"八"代表艺术与文学。历史为人类一切成绩的总清帐,故用"九"代表历史。至于普通书籍,不能纳入九类之中者,则以"0"字代表,成为总类,位于九类之首。又如"一"为哲学,370.1 即教育哲学,9 为历史,370.9 亦即教育史等,此最足见杜氏

所列每一号码,皆有其相当之意义也。

杜法之输入

自杜威《十进分类法》问世后,各国采用者,无虑数千百处,其应用之广,方法之便,尤为图书馆界所称誉。至首先介绍杜法于国内者,厥为孙毓修氏。其《图书馆》一文,发表于清宣统元年(一九〇九)之《东方杂志》内。原文云:

> 西文诸书,上海汉口天津等口岸,稍有书肆以应需求……图书馆宜择其难得者购致庋藏,以成嘉惠之盛心也。吾国学校,类以习英文者为普通,兹之分类法,本美国纽约图书馆长 Melvil Dewey 所撰之十进分类法 Decimal Classification 一书为主,今最通行之目录也。群书报章,统分十部,十部者:一曰总记类 General Works,二曰哲学部 Philosophy,三曰宗教部 Religion,四曰社会学部 Sociology,五曰语学部 Philology,六曰理科博物学部 Natural Science,七曰应用的美术部 Useful Arts,八曰非应用的美术部 Fine Arts,九曰文学部 Literature,十曰历史部 History,立此十部,更析类属。今胪述左方,以供从事于斯者之借镜焉。

据此,可知杜氏分类法清末即已流入中国,故孙氏始得胪述也。

杜氏分类法之合乎自然的规律,与易记便用,以及在全世界图书馆中势力之伟,前面已略言及。至其分类法之是否能适合于中国国情,尚是一大问题。查杜威分类法之连属索引中关于中国China 及 Chinese 项下所列者,仅有下列三十余目:

China: administration	354.51
botany	581.951
finance	336.51
geology	555.1

history, ancient	931
modern	951
maps	912. 51
schools, public	379. 51
statistics	315. 1
travels	915. 1
treaties	341. 251
other topics see table 1	
grass fibers	633. 55
jute fibers	633. 561
Ware dom, econ.	642. 7
fine art	738
useful arts	666. 5
Chinese	
architecture	722. 1
art	709. 51
discovery of America	973. 12
exclusion act U. S. hist.	973. 86
geese	636. 59885
immigration	325. 251
labor polit. economy	331. 6
language	495
layering	631. 5344
literature	895
melon	635. 618
philosophy	181. 1
religion	299. 5
servants dom, econ.	647. 24

sheep	636.385
swine	636.485
watermelon	635.618

是杜氏为中国所设之位置,若以之直接分类中国图书,或举中国图书并纳入杜氏之分类法而不须增益其类目,可以决其不能。盖中国学术之特质,书籍之浩繁,断非如杜氏及其分类法编纂者之理想。因此,中国图书馆之从事分类者,莫不着意于此点,而增补杜法者生焉。

杜威法之增补

增补杜威十进法之目的,既为容纳中国图籍,故其主要方式,大都将《四库》分类劈开,将其门类分别归纳于相当地位,而成包罗万有之分类法。此法之创始,当以查修氏首其例。氏有《杜威书目十类法补编》,于民国十四年(一九二五)由北平清华大学图书馆印行。兹编仅将变通原制处表而出之,故曰《补编》。其最显著者,如以中国经籍置于杜法最前之空位,成为下列方式:

000	经部	004.3	礼记
000	经总	004.4	礼纬
000.1	石经	005	春秋
001	易	005.1	春秋纬
001.1	易纬	006	孝经
002	书	006.1	孝经纬
002.1	书纬	007	四书
003	诗	007.1	大学
003.1	诗纬	007.2	中庸
004	礼	007.3	论语
004.1	周礼	007.31	论语纬
004.2	仪礼	007.4	孟子

子部则入杜法 181 东方哲学内,成为:

181.1　中国哲学

181.11　儒家

181.12　墨家

181.13　纵横家

集部则入杜法 895 东亚各国文学内,成为:

895.1	中国文学	895.13	小说
895.11	诗文评	895.16	书札
895.112	词	895.18	总集
895.12	戏曲	895.19	别集

史部则入杜法 950 亚洲史内,成为:

951	中国史	951.004	史钞
951.001	考证	951.005	别史
951.002	编年	951.008	杂史
951.003	纪事本末	951.009	史屑

至其增补之理由,则以:

我国经部内容,至为广泛……经部之为类,自荀勗始为《新簿》,创为四部,迄今已一千六百余年。声势所及,举莫能抗。编者有鉴于此,乃利用之而使其仍成一类……经部在我国学术上,久享有相当敬仰。四部之分,首列经部,故在吾类别系统中,亦须能占首要位置。杜法首端 000——009 未载何类,吾于是以经部入之;既合系统,又列首部,幸孰甚焉。

我国诸子,颇多哲学著作。兹择其纯属哲学者,如儒家,墨家,纵横家等,齐入此类。其为纯哲学而已为后世假作他用者,如道家之类,则为整饬计,全入宗教类。

　我国文学著作,浩如烟海,在世界文学中,亦占有相当位置。旧法分类,文学之集部,为四部之一。本编限于杜法之范围。虽剔析剖分,不厌求详,然部类措置,则已困苦滋甚。兹之不用集部,而用中国文学者,则以集部二字,意义甚广,用之此处,他国文学,似亦罗致在内矣。

中国史之分,首考证者,以考证非史本体,其范围所括,论讨为多。准杜法例,置之首端,亦以明其为史之向导,藉其助,研究史学,庶不致误入歧途也。_{清华学校图书馆中文书籍目录凡例}

自此法问世后,一般图书馆之已用杜法,以及正欲分类者,颇多采用者,其于中国图书馆界,颇受影响,翌年,查氏更将以试验之结果,加以更改。

与查氏同时进行者,有桂质柏氏之《杜威书目十类法》,亦于民国十四年由齐鲁大学图书馆印行。此法完全译自杜威,于原制门类次序,无所改变,惟将《四库》类目,散纳相当地位。如经部各项入 181.1 中国哲学儒家,史地以 951.1 分区域,地理以 915.1 分区域,子部入 181,集部以 895.1 析分,丛书入 895.18 等,盖悉依杜氏原制而穿插数处也。

此外更有王云五氏之《中外图书统一分类法》,其第二章内说:"《中外图书统一分类法》,并不是一种发明。他是建筑在杜威氏十进分类法的基础上。"可知是法亦为增补杜威之一种,而其不同之点,则在于"加上了小小的点缀,使更适于中国图书馆的应用"而已。其详当于后节论及。

余如钱亚新氏之《补充杜威制之革命文库分类法》,^(注十)陈普炎之《增修杜威氏十进分类一部份之商榷》,^(注十一)其类目虽异,其目则一,皆在求中文书籍归纳于杜威十类法内,其杜法之不足者,则酌量增补之,或用各种符号以扩充之,诸氏之苦心,实足钦佩。惟是杜威之法,是否确当,尚属问题。沈祖荣先生尝谓:"美洲各图书馆之采用杜威者,迄今颇感困难……况我国与美洲,文字书册,大相悬殊。"刘国钧先生又说:"采用西人之成法,则因中西学术范围方法问题不同者太多,难于适合。勉强模仿,近于削足适

143

履."总之,我国固有之学术,在世界上既可占一相当位置。即以现况而论,中国之所谓新书,虽必日增,而旧有学术,亦未必便绝,倘分类法偏于一方,后将何以肆应?故摹袭西制,支离繁琐,强客观之书籍,以从主观之臆说,亦未免有削足适履之嫌也。孟芳图书馆书目洪序

(注一)爱德华之分类法发表于一八五九年。最初用于孟却斯特图书馆,而他馆亦有仿之者。然以其表疏漏甚多,子目不全。所用标记,亦甚麻烦,故久遭时代之遗弃矣。

(注二)桑纳新之分类法发表于一八八七年。其法系根据新近,及古代载籍而成。故其表不但方面广博,类目亦应有尽有,且能例示每类每节下应有若何实际底书名,其索引亦增加便利不少,为英制中不朽之作。

(注三)勃朗之学科分类法,可参考吴立邦著《布朗及其科学分类法》一文,见《文华图书馆学季刊》三卷一期。

(注四)庞奈节之分类法发表于一八九〇年。法制虽颇完善,有助于记忆及地域之辨别。然系钞窃若干美制及哈特维者而成,或竟谓其为合哈氏杜氏二法而为一之试作,亦无不可。

(注五)布拉特之分类,虽几完全为一书商目录,然其出发点为实际的书籍,非空泛不切事情者可比,故法国家图书馆之分类法仿之,其他著名机关,依据之者甚众。

(注六)哈特维之分类表,发表于一八八二年,为德国近代分类法中之著名者。

(注七)哈里士分类法为美国有记号之书籍分类之最早者。其总类粗与培根相仿,即前者为科学艺术历史;后者为哲学文学与历史,故又称为"倒列培根分类表"。其表有小类一百,总类先后相次,颇类杜威之十进表。草案于一八七〇年发表于《推理哲学杂志》。一八七六年出版之美国公共图书馆一书中,亦略有论及。而杜威十进制亦往往取其名目,重加安置,其功殊不可忘。

(注八)斯密士在一八八二年美国图书馆协会席上所宣读之分类法,各

项题材,俱附以依字母次序排列之引得,有总类六,大致依据法
兰西制,而用之者盖少,盖以其所用符号,如"＋"、"△"、"□"
等,武断离奇过甚故也。

(注九)卡特之展开分类法,可参考洪有丰著:《克特及其展开分类法》一
　　　文,见《图书馆学季刊》一卷三期。

(注十)钱氏之文,见《文华图书馆学季刊》一卷四期。

(注十一)陈文见《文华图书馆学季刊》三卷四期。

四　新分类法之创造

　　类例之设,原以制驭书籍,非以书籍强隶类例也。书籍为主,
类例为客;学术之内容变,书籍之种类增,则类例亦因之而易。刘国
钧语墨守旧规,因袭《四库》者,诚难免露襟见肘之虞;而纯用西法,
略事增补者,亦不免有偏于一方,削足适履之讥。折衷之道,端在
参酌中西情形,详制类目,以适于新旧中西之籍,庶云有济。因此,
新创之分类法即应时而生矣。

新旧混合制

　　新旧并行,以标准之难定,而任意分隶,其弊端前节已略论及。
因而一般从事图书分类者,对于中籍之处理,不得不另创新法,以
期适于应用。加以近来图书馆中,外国文之书籍逐渐增加,在外国
文较少之图书馆,固无若何困难之处,然西文图书较多之馆,为管
理上之便利起见,自不能不采中西并行之制,分中外为二部。其分
类,编目,储藏,出纳等,均各别为之。其所持之理由,盖以中西文
字,性质不同,学术性质互异,而装订式样,亦有异同,故只有各自
分储,始可自成系统,此中国图书新旧混合制之所以生也。

　　新旧混合制之创始,当以沈祖荣胡庆生二氏为首。二氏曾仿

杜威法著《仿杜威十类分类法》，于民国六年（一九二七）由武昌文华公书林印行。前部为分类表，计分：经部及类书，哲学宗教，社会与教育，政治经济，医学，科学，工艺，美术，文学及语言学，历史十类。后附检字目录 Relative lndex，以便检查。首事创造，厥功极伟。惟览其简表所列，此法虽为中籍而设，然能为中籍用者极少，似仍有中籍凑合西籍之嫌。且其所列类名，亦欠明了。第一类"经部类书类"即其一也。蒋复璁说而医学独立一门，似亦有轻重失当之嫌。总之，此法既系开山之书，较之近人著作，自为简略，然其所设类名，后之师之者，颇不乏人。如语言文学之合并，刘国钧氏及安徽省立图书馆，均仿其例。如哲学宗教之合并，杜定友裘开明陈子彝诸氏，亦依其法。此足见其影响于吾国图书分类改进之功，实未可泯也。闻近中有最完备之分类法，行将问世，且待异日。

仿杜法之牵凑简略，已如上述，而杜威法又系十数专家，集毕生之精力所编制，复经多次之修正，且已为世界各国所采纳，严格论之，自当较诸其他各法为优，故自沈胡二氏之后，各图书馆之从事分类者，大都仍以杜法为根据，或增改其类目，以容中国特有之籍；或采用其符号，另立新目，以融新旧于一炉。诸说纷纷，莫衷一是。兹为叙述便利起见，分为二派，略论于后。

增改杜威派

此派之主张，系以杜威原法不能容纳许多中文书籍，或其分类有轻重失当之处，故将杜威原有类号，酌量归并，或迳加改动，以容纳中国所有图籍，及合乎自然之顺序。最早之著述，当以刘国钧氏之《中国图书分类法》为其嚆矢。此书于民国十八年（一九二九）由金陵大学图书馆印行。其编制之动机，据《凡例》所说，盖以"新旧并行制；往往因新旧标准之无定，以致牵强附会，进退失据。故乃采新旧统一之原则，试造新表"。兹录其分类简表于下，以便参考。

570	政治	770	澳洲及其他各地
580	法律	780	传记
590	军事	790	古物学
600	史地部(中国)	800	语文部
610	通史	800	语言学
620	断代史	810	文学
630	文化史	820	中国文学
640	外交史	830	总集
650	史科	840	别集
660	地理	850	特种文学
670	方志	860	东方文学
680	类志	870	西洋文学
690	游记	880	西方诸小国文学
700	史地部(世界)	890	新闻学
710	世界史地	900	美术部
720	海洋	910	音乐
730	东洋及亚洲	920	建筑
740	西洋及欧洲	930	雕刻
750	美洲	940	书画
760	非洲	990	游艺

至其类目次第之原理,盖以:

目录图书之学,总涵一切,爰窃辑略之意,冠之于首。而类书、丛书,乃至杂志杂文之流,析其子目,各属专科,论其全书,便无专类,因其体兼众制,故附于总部。

哲学为学术之本源,《汉志》诸子略也,故次于总部。

宗教藉超然之力以解释现象,为先民最初之信仰。以性质言,不同于哲学。爰取《隋志》道佛自为一部之意,次宗教于哲学之后。

科学者,以自然现象解释自然者也,由术数嬗变而来。然术数实含有超自然之意味,故入于宗教之末,而以自然科学为一部。

科学之中,自无生以至于有生。有生之物,至人而极。人智初启,但务养生,医药,农工,相继而起,皆养生之道也,亦皆科学原理之启也。故立应用科学于自然科学之后,盖《汉志》方技之类也。

人群相处而有社会,制度于以产生。凡教育,礼仪,社会,经济,政治,法律,军事皆是也。总名之曰社会科学,次于应用科学之后。

有人事,然后有纪载,故次之以史。地理方志,亦史之流,今以之各次于其本国历史之后,庶关于一国之纪载,得集于一处。

纪载必有文字,而文字原于语言,故次之以语文部。其研究语言文字自身者,谓之语言文字学,《四库》谓小学也。其使用文字以表现情感者,谓之文学,《汉志》之诗赋略,后世之集部是也。

文学之一要素曰美,而美非仅以文现也。音乐,书画,建筑,雕刻,皆美术也。故总为一部,而殿之以游艺,命为美术,人生之极境也。凡例

刘氏之法,既为免新旧并行之弊,以统一为原则,故《四库》所部,在此法中,均有相当之位置。如:

经部原名六艺,为古人所治之科学;后人以六艺为六经,于是治学方法上首列之六艺,变而为尊儒之经部,实后人之失也。今以科学为分类之原则,则分属各部,斯为理当。故《易》入 121.1 先秦哲学,《四书》入 121.21 先秦哲学儒家类……历代以来,通论群经之著作,实不为少,故不能不为之辟一位置,故复以 090 统之,以便采用。

史部旧重体裁,且有正统僭伪之见。今则但分通史断代史两

类,而于每类之下,再以体分之。其专记一类史事,如文化外交等,亦均别立一类。惟时令改入农业,政书分隶社会科学,诏令奏议,则与文书档案合为史料。至于目录,则入总类,金石改称古物,与传记同列于史地部之末。

《四库》部类,子部最芜,《汉志》诸子,本当日之哲学,魏晋以降,其例始乱。今则一一衡以学术上之性质,分入各类,如法家之入580.1 法律等是也。

集部全入文学,体例亦大率仍旧。惟个人自著书,号为全集,而实为汇刻各书以成者,别入个人自著丛书。《楚辞》并入总集,词入别集。而另以曲文,剧本,小说,民间文学,儿童文学等,合为特种文艺者,便阅览也。凡例

继刘氏而起者,有《安徽省立图书馆图书分类法》,及何日章袁涌进二氏之《中国图书十进分类法》,皮高品氏之《中国十进分类法》,皆为本派之杰作。兹略述于后:

(一)安徽省立圕图书分类法 是编创始于民国十八年,系根据杜威氏《十进分类法》及刘国钧氏《中国图书分类法》,略加增损而成。近以新书日增,往昔所订类目,颇不敷用,因就《清华大学图书馆中文书目》中之分类表,参以杜定友何日章诸氏之法,加以扩充,于民国二十四年印行。所列类目,除语言文学二类,仿沈刘二氏例并为语文学一类,及别出地理于历史,另立一类,次于美术类外,其余大体,一本杜威之法,少有更动。兹列其简表于后:

000	总类	060	普通社会刊物
000	特藏	070	新闻学
010	目录学	080	普通丛书
020	圕学	090	经籍
030	普通类书	100	哲学类
040	普通论丛	110	比较哲学
050	普通杂志	120	中国哲学

700	美术	860	非洲地理
710	音乐	870	澳洲及其他各地
720	建筑	880	地图
730	雕刻	890	古物
740	书画	900	历史
750	瓷器	910	世界史
770	摄影	920	中国史
780	美术工艺	930	东洋史
790	体育	940	西洋史
800	地理	950	美洲史
810	世界地理	960	非洲史
820	中国地理	970	澳洲及其他各地
830	东洋地理		史
840	西洋地理	980	传记
850	美洲地理	990	谱系

（二）中国图书十进分类法　何日章袁涌进二氏合编，民国二十三年（一九三四）北平师范大学图书馆印行。《自序》说："馆中所藏西籍，既采用西方通行之典制，以资遵守矣。而国文著述，数达巨万，此后所增，犹未可量。古今异势，不能蹈《四库》之旧规；中外异宜，不能采杜威之成法。因之审慎迟回，详加考虑，始决定以刘国钧氏之《中国图书分类法》为蓝本，加以必修正。"并参以杜定友氏《世界图书分类法》，杜威氏《十进分类法》，森清氏《日本十进分类法》，以及《美国国会图书馆分类法》，凡例编制成。兹列其大纲于后：

000	总部	040	普通类书
010	目录	050	普通杂志
020	圕学	060	普通社会刊物
030	新闻学	070	普通论丛

660	化学工程	850	特种文艺
670	制造	860	东方文学
690	商业	870	西洋文学
700	艺术部	880	西方诸小国文学
710	园林美术	890	美非澳及其他各
720	建筑		地文学
730	雕刻	900	史地部
740	中国书画	910	世界史地
750	西洋书画	920	中国史地
770	摄影	930	东洋史地
780	音乐	940	西洋史地
790	游艺	950	美洲史地
800	文学部	960	非洲史地
810	比较文学	970	澳洲史地
820	中国文学	980	传记
830	总集	990	古物
840	别集		

（三）中国十进分类法 皮高品氏编，民国二十三年文华公书林出版。《自序》谓："杜法以十进部次群籍，应用之便，诚非他书所可企及也。虽然，杜法为西书而设，初非兼中籍而并筹者；且也，类目陈旧错列，繁省失均，遂以总贯中西载籍，其穷屈不适用，比夫《七略》《四库》，一何以异？事非更张，理涉株守，采杜补杜，固有不然，至若仿杜，而独比附偏模，率尔就简，亦未见其可也。盖我国之学术，自有其特性，不容偏废苟简。世之作者，必悉加纂录，详制类目，使适中外文籍，庶云有济。"故于民国十五年起，开始编纂，八年之间，始克成功。兹录其简表于下：

000	总类	020	圕学
010	图书学	030	普通百科辞书

154

155

600	实业工艺	810	中国文学
610	农业	820	日本文学
620	商业	830	希腊,拉丁,罗马文学
630	交通运输		
640	工艺	840	法国文学
650	工程	850	英国文学
660	化学工业	860	美国文学
670	制造工业	870	德国文学
680	手工业	880	俄国文学
690	家政学	890	其他各国文学
700	美术	900	历史
710	建筑	910	中国史
720	雕刻	920	亚洲史
730	绘画	930	欧洲史
740	板刻	940	美洲史
750	摄影	950	非洲大洋洲史
760	工艺美术	960	纹章学
770	音乐	970	传记
780	演剧	980	地理
790	游艺	990	考古学
800	文学		

以上各法,大纲细目,虽各有异同,然大都以杜威十进分类法为原则,此最足见十进法之便于应用,及其威权矣。

采用杜威派

此派所用分类法,虽亦用杜法分为十类或九类,然其所立类目,大都不与杜法相同,而仅采其十分符号而已。至此派之创始者,当以洪有丰氏为首,盖亦主张新旧混合之制者也。其言曰:

今日中国各图书馆于编制中文书目，有新旧之聚讼，莫衷一是。经史子集四部之旧分类法，于近日科学图书日益增加，诚有未能应用之处，然为之改弦更张，以科学分类法自诩者，袭摹西制，支离繁琐，强客观之书籍，以从主观之臆说，恐亦未免有削足适履之嫌。孟芳图书馆书目序

故乃"依据《四库全书总目》，参酌杜威《十进分类法》，将新旧图书，分为丛，经、史地、宗教、文学、社会科学，自然科学，应用科学，艺术九类。"图书馆组织与管理其最初采用者，为东南大学孟芳图书馆，其民国十三年（一九二四）新编之书目是也。兹摘录各类例言如下，以见其编制之主张与苦心。

丛类与杜威氏总类相似。凡目录及类书，丛书，杂志，报章等，均编入之。

经部与《四库全书》分类法大体相同，惟《四库》之"五经总义，"今改分为群经合刻，群经总义，及石经三目，而冠诸各目之首。乐类系艺术性质，今改编入艺术类。

史地之书，《四库全书》以体裁分，今仿杜威氏以国籍及朝代分之，似较便利。政书职官等，并入政治类；诏令即法令，入法制类；奏议入文学类；金石与艺术相近，故入艺术类。

《四库全书》，子部类目最杂，今各以类相从。儒墨名各家性与哲学相近，故特提出，而以哲学名之。分为东方与西方哲学二目。宗教与哲学关系密切，亦并入之。术数则仍《四库全书》之旧，附于宗教之后。法家与纵横家多论政法，入于社会学类。间有杂说，与小说相近，故附入小说类。

文学类即仿《四库全书》集部，而增小说、戏剧等目。《楚辞》，《四库》另立一目，今并入别集周代文学。

社会科学以下各类，均参酌杜威氏分类法。惟遇细目不适用于中籍者，则加私意增删，或改易之。兹更列其分类简表于下：

| 000 | 丛 | 010 | 目录学 |

580	教育	750	商业
590	实业交通	760	化学工艺
600	自然科学	770	制造
610	数学	780	机器
620	天文学	800	艺术
630	物理学	810	布景与陈设
640	化学	820	塑绣
650	地质学	830	雕刻
660	古生物学	840	书画
670	生物学	850	西洋画
700	应用科学	860	印刷制版及图案
710	医药	870	照相
720	工程	880	音乐
730	农业	890	游艺
740	家政		

继洪氏而起者，颇不乏人，如裘开明，陈子彝，桂质柏诸氏之法，虽各有异同，然大体多与洪氏相同。惟清华大学图书馆近中所编之《中文书目》，先以甲乙丙丁戊己庚辛分为八大类，每类之下，始以十进详分之。严格论之，则亦采用杜法之一种也。兹略述于次：

(一)哈佛大学中国图书分类法　裘开明氏编。此法以中法为经，西法为纬。大纲则根据魏荀勖《新簿》经子史集，及清张之洞《书目答问》别立丛书之次序，扩为经学，哲学宗教，史地，社会科学，语言文学，美术，自然科学，农林工艺，丛书目录等九类。每类子目，则参照《四库》成法，美国哈佛大学图书馆及国会图书馆分类法订定之。凡例见文华图书馆学季刊一卷三期兹录其大纲于下：

100—999　　经学类

1000—1999　哲学宗教类

2000—3999	史地类
4000—4999	社会科学类
5000—5999	语言文学类
6000—6999	美术类
7000—7999	自然科学类
8000—8999	农林工艺类
9000—9999	丛书目录类

（二）图书分类法　陈子彝编，民国十八年中央大学区立苏州图书馆印行。《自序》谓："晚近新著日滋，译籍月增，律以旧例，恒多削足适履之感。杜威十进法，虽简繁合宜，伸缩自如，然震旦载籍宏博，杜氏仅于东方诸小国中列一席地，其背于我国国情良甚。因爱撮众长，参以臆见，辑为是编。"至其所列类目，除仿杜定友氏之例，提升教育占一大类，位于文学之后外，其余多与洪氏相同。兹迻录其大纲于下：

000	丛	500	教育
100	经	600	社会科学
200	史地	700	自然科学
300	哲学宗教	800	应用科学
400	文学	900	艺术

（三）分类大全　桂质柏编，民国二十四年国立中央大学图书馆出版，是书第一编为分类表及索引，第二编为中日文著者号码表，第三编为卡特氏著者号码表，故曰《大全》。《自序》谓："本馆创办以来，已二十余年于兹；庋藏书籍，亦近四十万余册。历史不可谓不久，藏书亦不可谓不丰。惟对于图书分类，向取中西之分，划然为两，寖成习惯，故本馆之中日文图书分类法，乃沿东南大学之旧，以《四库》为本，而另增新部，仿杜威之《十进分类法》。但此法创始之时，图书不多，亦未详细分析。嗣后图书渐增，原有分类号码，不敷应用，因率同馆员，根据原分类法，再为分析，以容纳各

项图书。"此可知桂氏是编,实为增补洪氏旧法之作,并非个人之著。至其不同之点,仅改洪法之"丛"为总类及增置革命文库一大类而已。兹列其大纲于下:

000	总类	500	社会科学类
100	经类	600	自然科学类
200	史地类	700	应用科学类
300	宗教类(哲学附)	800	艺术类
400	文学类	900	革命文库

(四)清华大学圖中文图书分类法　施廷镛编。此法附载于民国二十年所刊之《中文书目》。其分类法,先分总,哲学宗教,自然科学,应用科学,社会科学,史地,语文,艺术八类,以甲乙丙丁戊己庚辛之次排列,每类之下,更以亚拉伯数字,自100至900详分之。虽其大纲不与杜威相同,实亦采用十进之制也。兹列其类目于下。

甲	总类	300	哲学各论
100	图书学	400	论理学
200	圖学	500	心理学
300	类书	600	美学
400	普通学术论丛	700	伦理学
500	普通杂志期刊	800	宗教—佛教
600	普通社会概况报告	900	道教及其他
700	新闻学	丙	自然科学
800	丛书	100	算学
900	经书	200	物理学
乙	哲学宗教	300	化学
100	东方哲学	400	天文学
200	西方哲学	500	地质学
		600	生物学

700	动物学	400	中国地理类志
800	植物学	500	中国谱系传记
900	人类学	600	各国史

丁　应用科学

700	各国地理
800	各国谱系传记
900	考古学

100	医药
200	农业
300	农产制造

庚　语文

400	工业	100	中国语文
500	化学工艺	200	中国文学
600	工程	300	中国文学—文
700	商业	400	中国文学—诗赋
800	交通运输	500	中国文学—词曲
900	家事	600	中国文学—戏剧

戊　社会科学

700	中国文字—民间文学

100	社会学		
200	统计	800	中国文学—小说
300	经济	900	各国语文

辛　艺术

400	财政	100	乐舞
500	政治	200	书画
600	法律	300	雕塑
700	军事	400	摄影
800	教育	500	印刷制版
900	礼俗	600	美术工艺

己　史地

		700	美术建筑
100	中国史—通史	800	体育
200	中国史—断代史	900	游艺
300	中国地理地志		

中外统一制

中西分为二部,其理由固在中西文字性质不同,学术性质互异,不可强而同之,然征诸实际,此亦苟安自画之道也。盖中西书籍,文字固有不同,但此与书籍在书库中之位置有何关碍?英德俄之文字各不相同,然图书馆中因此而将英德俄文字所著之书各各分储,自成系统者,则殊少见。至于学术之性质,在历史方面固有特殊之点,然其实质则殊无国界可言。同一研究社会组织之学科,作者可以有中日英俄法之殊,而研究之对象,则不能因此而各异。况著名之著作,往往译十余种文字。若依文字为区别,则此各书,势将散置各处,研究上既不便利,管理上亦多麻烦。且与卡特氏所说"图书分类是集合各种图书,选择其性质相同的放在一处"的定义不合。故近来从事图书分类者,多有主张图书馆中分类一事,宜绝对统一,不必分为中西文字。因此,以时势上之要求,中外统一制之分类法产生矣。

中外统一制之创始,首推杜定友氏。氏有《世界图书分类法》,于民国十四年(一九二五)出版。其编辑之动机,盖以杜威《十进分类法》,虽其原理极合实用,标记符号,亦有普通性,较其他各法,便利良多。然其所列类目多不平均,如"美国史"占 970—980 二十位,而中国只占 951 一位。又如传记一门,久为图书分类家所不用,而乃占十位之多。而"文学"与"语言"之为"自然科学"所隔离,尤为识者所讥。故乃采取杜威十分原则与号码标记方法,分为普通,哲理科学,教育科学,社会科学,美术科学,自然科学,应用科学,语言学,文学,史地学十类。其次序之理由,则以:

科学之分类,以哲学、心理、伦理、论理、宗教等,概括宇宙万物,深探人生之源,造化之始;因列为科学之首,是为"哲理"科学。以 100 为标记。

教育为树人之本,有教育而后有文明。因列为第二,以 200 为标记。凡有关于教育之事,如童子军体育等,均属之。

有教育而后有人群,有人群即有社会。欲求社会之完备,不可不研究政法、经济、会社、风俗、礼尚诸科。因并列为"社会科学",居于"教育"之后,以 300 代表之,为第三类。

人群已立,互助生活尚焉。乃有天然美境,以颐养其心;技艺美术,以陶冶其情。凡一切技术操作,因之而兴。故以美术为技术之根本,以艺术为人生之背景,为科学之动源;因列为第四类,以 400 代表之。

人类生活日繁,环境愈杂,生存竞争,不得不有赖于科学。首重天文、物理、化学等自然现象。因以各种纯粹学科,列于艺术之后,是为"自然科学",以 500 代表之。

纯粹或自然科学之进一步,即为应用科学。如工商农实等科,所以切实卫人生,及求生活上之安乐。因以应用科学为艺术与纯粹科学之结果。列为第六类,以 600 代表之。

人类之生活,既以艺术为背景,以科学为实力。于是心身既安,乃抒其至情,悬其理想,发为至美至善之文字语言,成为可歌可泣之文章,以实现生活之志趣,提高精神之生活。因列"语言"与"文学"为第七第八类,以 700、800 代表之。

考人类之发生,必有哲理的人生观,美的背景;复有科学,以供实用,诗文以供吟咏。于是蔚为大观,演进人类之文化,不可无记;因以"历史地理"为总结,以上贯古今,下垂万载。发挥人类之精神,创造无穷之幸福,是为第九类,以 900 代表之。

其普通书籍,不能归入九类之中者,另列为"普通类,"以 000 代表之,位于九类之首。世界图书分类法第五章第一节

杜氏之法,虽以杜威十进法为根据,然于我国旧有类目,并未完全抛弃,而仍取其所长,以期适合于现在图书馆之情形,而求确实应用。如我国固有之经部,本为吾国学术之源泉,于世界学术中尤为特出。故于四库之经部,特为保存,列入"普通类"内之第二

门,一以崇扬我国国粹,一以辨清学术源流,此等分法,可称至当。故自此法问世后,采用者颇不乏人。而杜氏复抱力求完备之见,时加补充,改订本已于民国二十四年出版,中册分类表已印行、其上册说明、下册索引、尚未出版. 虽以原有系统关系,未能全盘改编,然内容之充实,诚为其他各法所不及。兹据其增订之本,改名杜氏图书分类法列其简表于下:

000	总类	220	管理训育
010	圕学	230	教科教材
020	中国经籍	240	教授法
030	百科辞典	250	教员
040	学术论丛	260	学校教育
050	期刊	270	社会教育
060	会社	280	高等教育
070	新闻学	290	特殊教育
080	丛书	300	社会科学
090	统计年鉴	310	社会思想
100	哲理科学	320	政治学
110	各国哲学	330	行政学
120	中国哲学	340	法律学
130	形而上学	350	军事学
140	哲论	360	经济学
150	心理学	370	理财学
160	论理学	380	劳工
170	伦理学	390	社会学
180	神秘学	400	艺术
190	宗教	410	建筑
200	教育科学	420	中国书画
210	教育行政	430	绘画

440	雕刻	720	中文
450	装饰手工	730	英文
460	印刷	740	法文
470	摄影	750	德文
480	音乐	760	日文
490	游艺	770	俄文
500	自然科学	780	其他
510	数学	800	文学
520	天文学	810	总集
530	物理学	820	诗歌
540	化学	830	词曲
550	地质学	840	戏剧
560	博物学	850	文集
570	生物学	860	小说
580	植物学	870	演辞函牍
590	动物学	880	儿童文学
600	应用科学	890	民间文学
610	医药	900	史地学
620	工程	908	传记学
630	农业	909	考古学
640	化学工业	910	世界史地
650	交通	920	中国史地
660	商业	930	英国史地
670	工业	940	法国史地
680	实业	950	德国史地
690	家政	960	日本史地
700	语文学	970	俄国史地
710	比较语文学	980	美国史地

继杜氏而起者,有王云五氏之《中外图书统一分类法》,是书于民国十七年(一九二八)由商务印书馆出版。此法系就杜威原法,加以补充,以适合于中外图书之应用。至其补充之理由,盖以杜威之分类法,在中国图书馆界虽较适用,然杜法专为西籍而设,于中国之图书,多不能包括,故认为有扩充之必要。而增补之结果,势将减少旧的类号,如此则使按杜威分类法的原本,不能和按照改订杜威法分类的汉译本并列。又如国别一项,杜威系美国人,当然以美国居第一,作.1;英法德诸国分别作.2.3 及.4;而中国却居东方各国之下,作.91。但中国图书馆,尊重本国的心,不下于杜威,因此,就有改动杜威原类号的必要,往往把中国作为.1;美国移至.2;英法德各国也递降一位。因此之故,一部关于美国的书,在原文按杜威法分类,应归入.1,但译成汉文之后,因为要和其中国书一起排列,只好归入.2;而使同类之书分在两处,不合于“一类之书放在一处”的分类原则。故乃发明“十”、“卄”、“士”符法,非仅使中西文同性质之书,得有同一之号码,且可同置于一处。既便阅者检寻,复使管理便利,可谓匠心独运矣。

关于“十”、“卄”、“士”三种符号之应用,兹据王氏之说明,概括于下:

一、“十”号读作十字。只能排列在绝对相同号码之前,使新的号码与原有号码并行。如杜法 323.1 民族运动;现在把“十”号位于 323.1 之前,形成 + 323.1,代表我国特有的民族主义,同时323.1 仍为民族运动。

二、“卄”号读作卄字。可以排在十位相同的任何号码之前。换言之,即可以位于接连许多号码之前,并可从整数起,继续到整数九为止。如杜法 110 为形而上学;现在加上“卄”号成为卄 110中国哲学,以下更可细分为卄 111《易经》,卄 112 儒家,卄 113 道家,卄 114 墨家,卄 115 名家,卄 116 杂家,卄 117 近古哲学家,卄

118 近代哲学家,蝉联不断。

三、"士"号读作士字,可以排在任何相同的整数号码之前。换言之,即不问有无小数及小数的大小的整数相同号码之前。如杜法 327 为外交;现在加上"士"号,成为士 327 中国外交,以下复可加以小数细分为士 327.1 中美外交,士 327.2 中日外交,士 327.3 中英外交,士 327.4 中德中奥外交,士 327.5 中法外交,士 327.6 中葡外交,士 327.7 中俄外交,士 327.8 中国与欧美其他各国外交,士 327.9 中国与亚洲其他各国外交。

综上所论,可知王氏之法,既可维持杜威的原有号码,毫不裁减;更可添出新创类号,以补前人的缺陷。而分类统一之困难,便可以完全消除了。蔡序

二氏之外,尚有陈天鸿氏之《中外一贯实用图书分类法》所谓"中外一贯",盖亦以中西图书集于一处为原则也。是书于民国十五年,由上海民立中学印行。其分类总纲为:

〇〇〇	通书	五〇〇	自然科学
一〇〇	哲学与宗教	六〇〇	工艺学
二〇〇	教育学	七〇〇	美术学
三〇〇	社会学	八〇〇	文学
四〇〇	语言学	九〇〇	史地

此法最大缺点,厥为符号太长,书写既多困难,应用亦不方便。且用两位小数点,其意安在,殊不可解。兹举一例于下:

	陈氏符号	杜定友符号	王云五符号
北周史	九五一·〇二三·二五	922.75	廿953
蒸汽力	六二一·三二一·一三二	621.1	621.1

中文数字书写,不及亚拉伯字之便,尽人皆知,陈氏竟采用之,可谓特出。且中文不便横书,势将直书于书背,果如此,则再加上著者符号,恐全书脊背,将全为符号占去矣。至其类名之不当,如第一类"通书,"则不及"总类"或"总部"较为明显。倘通书下而

有杂志,则日报等,亦将为通书乎? 总之,此书之作,不过仿杜威《十进法》及杜定友《世界分类法》之皮毛而已,诚所谓仿杜威而不成,改杜威而不足,徒费苦心,无多补益也。

要而言之,中外统一之制,自图书馆办事之理想上言之,此说固甚得人赞许。但今日所有之图书分类法,是否能适用此项办法,殊为疑问。在小图书馆中,外国文书籍不多者,如其所采用之分类法适当,则未尝不可统中外文字于一分类法之下。若其外国文书籍有激进增加之势,则此种办法,似亦不甚相宜。且中西卡片,以现下论,实无置于一处之可能。设若图书馆采行闭架制,则阅者又不能不就卡片以查书。是书籍虽置于一处,于阅者又有何裨益乎? 由此观之,中外统一制之是否合于应用,尚待研究与证实也。

五 今后分类法的趋势

近代图书分类之沿革,在前面吾人已加以详述,惟为推观将来之趋势起见,似乎应将他提出来,再作一度叙述。盖学术进步,分类法亦因之而进步,决不是停滞在某一阶段上就可以终止前进的事。

图书分类法既随着学术的进步而进步;因此,必受着时代的限制。《七略》的分类虽好,但现在如有人去依照,就必定行不通。因为《七略》只是汉代的分类法。《四库》分类法在现代之所以行不通者,固由于其分类本身的不精密,但其最大的原因,却在于不能包括现代由西洋所输入的一切新学术。在相反的一方面说,杜威《十进分类法》的不能单独在中国图书馆应用,也就是这个原因。由此,吾人可以知道,在将来时代更进一步的时候,在今日所订的门类,或须要脱离了现在的大类,而自己变为一个大类。如心理学一门,现在即已有脱离哲学的趋势,可为明证。

吾人在前面所述的各种分类法,虽然已进入科学的途径,但仍是互见短长,未能称为完备,此固为改革时期之必然现象,凡事业学术之成功,不能一蹴而几;但其最大原因,实由于中籍分类之困难,所在皆有也。

经部分合问题

关于"经"之一字,在我国经学家最有力量的说法,可以分为两派:一派训经为常道,这是引申的说法。一派则认经与纬通,后来所以借为载籍名称者,实因简册涣散,须从丝编,这是主张本义的说法。换言之,前者系认六经为孔子一手自著的;后者则以六经完全是周代的旧典,不过经孔子补苴拾掇而成。二派说法虽不相同,但都视为我国学术之源泉,故自刘氏七略首列六艺为一略后,历代相传的分类法,如《七志》《七录》四部等,无不以经列为首部。自西洋学术输入中国后,于是以各家主张之不同,而向日不成问题的经部,也就生出应拆开和不应拆开的两派,诸说纷纷,莫衷一是,兹略分述于后:

一、主张经部应拆开者　中国近代最早主张实行将经部拆开者,当以南洋中学为首,其民国八年所编之书目,即将中国学术分为十三类。其理由为:

《尚书》纪言,《春秋》纪事,皆史也。《毛诗》为有韵之文。《三礼》亦史之类。而孔孟之在当日,与老庄管墨商韩等何别。自汉武罢斥百家,尊崇儒术,后人踵事增华,经之数,增至十三。今政体革新,思想不复如前次之束缚,此等名目,将必天然淘汰,大势所趋,无可勉强……故本书不用四部之名,区其类为十有三。

继此说而提倡者为王云五氏,他说:

譬如经部的《书》本是一部古史,《诗》本文学,《春秋》也是历史,《三礼》等书是社会科学,《论》《孟》是哲学,若严格按性质

分,当然不能归入一类。中外图书统一分类法绪论

因此,在他的分类法内便把经部拆开,成为下列的类目:

士　041.1　　中国群经合刻

　　　　　　　　（经部四书十三经等注疏等属之）

士　042.2　　中国群经总义

　　　　　　　　（经说经解入此）

廾　111　　易经

廾　112　　儒家

廾　112.1　孔子

廾　112.2　孔子弟子

　　　　　　　　（经部孝经大学中庸论语等书均入此）

+133　　卜筮（易经之专言卜筮者入此）

+390　　中国古礼仪（经仪礼等入此）

廾422　字源学,字学（经部小学类训诂之属字书之属均入此）

　780　　音乐（经部乐类入此）

廾8　　先秦与前总集（经部诗类入此）

廾952　秦汉以前史（经部书经春秋入此）

此外如国民政府文官处图书馆等,皆主张经部应完全拆开,各以性质,归入适当之门类。

二、主张经部不应拆开者　此派主张,当以洪有丰氏首其例,氏于民国十三年编有《东南大学孟芳图书馆书目》,对于经部之处置,除乐经改入艺术外,其余仍统归一类。其理由则以:

六经之名,其源甚古。然依其性质,《易》义玄秘,赅儒道之学兼通,于禅理卜筮特其小用,应入哲学类。《书》述唐虞三代之政事,实古代之史。《春秋》《鲁史记》之别名,应入史类。《诗》为古代輶轩,所采里巷歌谣与朝庙乐章,为《诗》学之祖,应入文学类。《礼》以载古之礼制,应入社会科学类。古之

《乐经》，今佚其篇，后世音乐之书，可入艺术类。经之根本要籍，既可以科学之方法，分隶各类，其他更可依其性质而分，无独立一部之必要矣。但尚有参酌而未必遽无存在之理由者，中国学术以儒教为中心，儒教以经学为根据。五经乐经已亡故不列之名，其源既古，而《三礼》《三传》之名九经，又益以《四书》《孝经》《尔雅》名十三经，皆几为一般学者所公认。扬子曰："天地为万物郭，五经为众说郭。"故就其类似之点而观之，经部与各类虽可强为分裂；而就其特殊之点观之，经学实群言之奥区，而才思之神皋也。周秦诸子而后，义理考据之汉宋争，实为中国学术两大派别，而皆源本于经。故经部著述，任举一类之书，其训文释义者，汗牛充栋，至无虑数百种，固自有特成一类之需要。今以附庸于他类，削足适履，毋乃不伦欤？夫一国之所以存立者，实赖文化以维系之。经籍者吾国文化之源泉也。独标一部，以保存吾国固有之精神，是或一道也。况求适用于习惯，苟无更改之必要，自仍旧贯为便利。图书馆组织与管理

服膺洪氏之说者，有裘开明之《哈佛大学中文图书分类法》，此法迄今虽尚未正式出版，但其叙例已刊载于《文华图书馆学季刊》一卷三期，兹迻录于下：

经学定名，由来久矣，且已蔚成专门著作，载籍浩如烟海。今之倡言废经者，姑无论其在学理上已否得普遍之公认；但就实际分类而言，至今实无一适当办法。盖经学为我国学术之源，包罗万象，脉络相关，拆分他类，殊非易事，故本法仍存经学类。

最后则有霍怀恕氏之一篇《近人对于经部分类意见之纂述》，见学风四卷十期亦主张经部应独成一类，其言曰：

经部称为中国一切学术的根源，当非虚语。那末，为尊重中国学术的根源，经部不能强事割离，应当独立为类，这就是一个

最大的理由。再就中国图书分类的习惯说,自《七略》迄于《四库》,经部自为类,历史很长,世代相承,学人对于经典的类别的观念,已不啻根深蒂固。如今特然将经废其专立,分《易》入哲,分《书》与《春秋》入史,分《诗》入文,分《礼》入政,分《论语》《孟子》入子,经不为类,与学人一向的观念,距离甚远,不但不能使人求适用于习惯,得心应手,简直把整个脉络相连的学术,碎尸万段,抛入智识的大海里,令人有无处捞获的叹息。那末,为顾全学人求适用于习惯,而使中国学术发扬光大,经部之不可过于割离,应当独立一类,这也是一个最大的理由。就是依类例而论,经书应当独立一类,也还可以说得通的。刘国钧先生不是说过:"盖从类例言,所谓六经,实一丛书也。"六经既系一丛书,即使不如一派经学家所目为孔子自著的个人丛书,当然也可以放在一个类码之下了。现时图书馆学家,不是把《三民主义》之类的书,列为特藏之一,名为"革命文库"吗? 现代的书籍尚且可以,号称为中国一切学术的经部,抑又有何不可?

此外尚有所谓折衷派者,其所编之分类法,或以经部拆开为主,以不拆为副;或以不拆为主,拆开为副;而任人选择者。前者为刘国钧氏,而后者则杜定友氏是也。二氏之法,虽于分类之原则不甚符合,按将复璁氏说、一种分类法而有两种主张、似属非宜. 然二氏这种办法,也是因为一种图书分类法在试验未得结果以前,不肯出诸轻率,态度笃实,要亦未可过于厚非也。

总之,经部分合,已成为近代分类法上一大问题,二十年来,迄无适当办法,洪氏所说"尚待于研究"一语,不为无见。但自各家所订之分类法及学术之趋势而论,则经部将趋于合并一途,可断言也。

标记之统一

关于代替事物名称之方法,约而言之,可有三种:一、百科全书法——以短文代;二、分类法——以单字或略语代;三、标记法——以简单符号代。图书分类所以特取标记法者,盖因标记是有系统,有次序的一种符号,亦可称之为记号无论其符号之为字,或数字等,均可将其符号变为名称,或由其名称改成符号,都很便利,亦较为准确;比较起来,既便于书写,亦易于记忆,不仅含有技术,亦且包有理论的蝉联性。

图书分类法采用标记法的最大目的,一是便于表示各类之类名,使其变为易记易写的符号,应用时便利;次则可使全表有理论的系统,同时图书在架上亦可有准确之次第,与固定的位置。因此,标记之系统与分类法之次第是相关的,也是相助的,若是没有分类法,其标记系统就无意义;反面来说,若是没有标记系统的分类法,也就陷于类目不平均,组织无系统之弊。回溯我国过去所有的分类法,如《七略》《七录》《四库》等等,其最大之弊端,即在于是。

自西洋图书分类法输入中国后,一般从事图书分类者,始感到标记系统与分类法次第关系之密切,故所有新编诸法,为求易读,易记,易辨,易写计,每一门类,皆设一种标记,以为代表,由此,中国图书分类法始踏进了科学的初步途径。

标记所用之符号,约有四种:一、以英文字母——如卡特氏之分类法是;二、以亚拉伯数字——如杜威氏之分类法是;三、以字母与数字混用——如勃朗氏之分类法是;四、以正字——如天干地支,或千字文等等。四种符号之应用,虽各有理由,且为理论分类法中所不可缺者,然标记之最要原则,贵在"简明","概括","有伸缩",未合此三条者,仍不得谓之完善之标记也。以正字为标记者,其不适合于上列三条,已无疑义,兹不多论。至字母与数字之

利弊,吾人试举数说以相比较,则不难知也。洪有丰氏说:

克特氏分类法之记号,用字母代表。若一字不敷时,则用二字,甚为简单。难于排列与记忆,而各类繁简亦不平均,此非熟于分类者,不克用之。图书馆组织与管理页一二○

又杜定友氏说:

卡特氏分类法,用意极善,计亦周密。但全用字母,难于书写与记忆,于中国尤难普及。且字母之分配,殊不平均,记忆上极为困难。例如 Bh 为名学,Bi 为心理学,Bj 为何? 殊不明了。即 Bh 何以为名学? Bi 何以为心理学? 虽不必有何根据,但亦不可不有说明,以助分类者之记忆。至于书籍之排列,字母之次序,实较数目之次序为难。例 139.26 与 391.26之次序,孰先孰后,一望可知。若照卡特之方法,用 ABEFD与 ABEDC 二字,则较难辨识。因此书籍之排列,卡片之检查,及借书之手续上,发生困难。英文文字在中国未完全普及之时,在图书馆中犹不宜采取此种方法。世界图书分类法第二章

又说:

杜氏分类法,以世界图籍,分为十类。每类以一号数为标记,是以稍知分类之大纲者,一见号数,即可知该书之内容。且各类书籍,既有号数,因而有一定之次序。因每类有一定之号数,故同类之书籍,必有同一之号数。同号数之书籍,必依次排在一处,于是同类之书籍,亦必同在一处,其相类之书籍,亦因有相近之号数,故亦排于相近之地位。对于参考,诚极便利。同上

又王云五氏说:

用字母的方法,是二十六进,记忆上远不如用数目十进法的自然。现在科学上度量衡的标准,无论那一国,都采用“米突制,”就是因为十进法比其他进法容易记忆的缘故。卡特氏所用的字母,大都没有意义,仅按顺序排列。间或有意义的,

175

像用 H 代表 History，用 P 代表 Philosophy 等，但一个字母所能代表的，决不至一类。而且在我国不懂外国文的人，尤其是没有用处。中外图书统一分类法页五至六

综观上引诸条，可知用字母作分类标记者，远不如用数字之易记易写，且极便于实用也。由此看来，中国图书分类法虽尚在研究改革之时期，然于标记之采用，其将永以数字为原则者，无疑义也。

总之，书籍浩繁，整理自非易事，《刘略》《班志》既失效能，《四库》亦失其功用，十类法因之而起。《七略》之法几无人用而归淘汰者，以其不能包罗万象也；《四库》法之不适于今日者，亦以其不能容纳当今之科学书籍，如理化之书，无从安插是也。然《四库》法之优于《七略》，尽人皆知，而十类法之优于四部也，尚有人疑。故当改革之初，即有多数学者极力反对，如刘声木说：

孟芳图书馆附属于东南大学内。甲子（一九二四）六月，洪有丰编图书目录八卷，其编辑之法，不用数千年相传之经史子集四部成例，谓依美国杜威《十进分类法》，根本已误。苌楚斋随笔卷六

又章仲铭说：

对于改四部为十分，根本怀疑。一国有一国之分类法，不必舍己从人。日本帝国图书馆向分神学宗教等八门，至今未改。其帝国大学图书馆虽有改变，亦自为体例，不用十分也。吾国目录，前有《七略》，后有《四部》，此外又有萧梁之五部，孙祠之十二部。其中分门别类，皆诸先哲几经研究而成。今即科学繁兴，有变通之必要，亦当取人所有，补我所无，断不能一笔抹煞，专奉十分法为金科玉律也。图书分类法出版后之讨论

二氏之说，固属门户之见，然"今日各种分类法徒博中外合一之名，而不求中籍之内容究属若何，是否适用，为图简便，惟改头换面之是务，《四库》仍变相的存在，使一般旧学者视之，觉新分类于中籍毫无改进，而以习惯上之关系，检查更形不便，乃因不信而斥

为无用也。"中国图书分类问题之商榷为今之计,欲谋分类法之完善,自非先从中籍方面作彻底之改革不可。然此事重大,断非一人之力所能胜任,"故莫如集多人而研究之。然图书分类又非空言所能有济,是以各当以其实地之经验,互相告诉,以便修改。质言之,即合作两字而已。故凡采用同一种分类法者,宜有一组织。此组织之目的,在促进使用此种分类者之互相研究,如有疑难之点,得由众解决之。如一人有修正或扩充之处,宜即通知其他各员,请其采用或供参考。如此,则或有较完美之分类法出现也。杜威法之详备,著闻于世久矣,至今伯拉西学会犹有此种组织,况我国图书馆事业方在萌芽时代乎?"中国现在图书分类法之问题近时中华图书馆协会之设分类委员会,其目的盖即为是,惜尚未见其成绩耳。

本章重要参考书

杜定友:《校雠新义》。

刘国钧:《图书馆学要旨》。

刘国钧:《中国现在图书分类法之问题》,见《图书馆学季刊》二卷一期。

洪有丰:《图书馆组织与管理》。

姚名达:《目录学》。

杨昭悊:《图书馆学》。

戴镏龄:《西洋分类法沿革略说》,见《文华图书馆学季刊》六卷一期。

刘子钦:《分类之理论与实际》,见《文华图书馆学季刊》六卷四期。

朱家治:《杜威及其十进分类法》,见《图书馆学季刊》一卷三期。

蒋复璁:《中国图书分类问题之商榷》。

邢云林:《评陈天鸿氏中外一贯实用图书分类法》,见《文华图书馆学季刊》三卷二期。

陈鸿飞:《中文书籍分类法比较》,见《文华图书馆学季刊》六卷一期。

附录一　最近各图书馆图书分类之鸟瞰

中国图书分类之沿革，在前面各章，吾人已加以详述，兹更将最近各图书馆所用之分类法列表于后，以备参考。

分类制	馆　　名	所用分类法	备　　注
增改四库制	四川省中山圕	四库法	
	北平故宫博物院圕	四部法	外加丛书部附于集部之后
	北京大学圕	四部法	
	江苏省立国学圕	四部法	外加丛志二部
	武汉大学圕	四部法	
新旧并行制	中法大学圕	四库法及杜威法	
	四川大学圕	四库法及杜定友法	
	交通大学圕	四库法及杜威法	
	河南省立圕	四库法及杜威法	
	南开大学圕	四库法及杜威法	
	浙江省立圕	四库法及十进法	十进法系自编之法
	湖北省立圕	四库法及王云五法	
	华西协和大学圕	四库法及杜威法	
	无锡国学专修科圕	四库法及王云五法	
新旧混合制	大同大学圕	自编分类法	西文用杜威法
	中山大学圕	杜定友法	西文用国会法
	中央大学圕	自订十进法	西文用杜威法
	中央圕	自订分类法	西文暂采国会法
	内政部圕	刘国钧法	西文用杜威法

178

分类制	馆　　名	所用分类法	备　　注
新旧混合制	中国学院圕	刘国钧法	西文用杜威法
	北平市立中山圕	刘国钧法	
	北平师范大学圕	何日章法	西文用杜威法
	北平圕	自订分类法	
	立法院圕	刘国钧法	西文用杜威法
	北洋工学院圕	王云五法	西文用杜威法
	安徽省立圕	自订分类法	西文用杜威法
	河北省立法商学院圕	自订八门分类法	西文用杜威法
	河南省立中山圕	清华大学分类法	西文用杜威法
	松坡圕	自订十三门分类法	西文用杜威法
	金陵女子文理学院圕	刘国钧法	西文用杜威法
	金陵大学圕	刘国钧法	西文用国会法
	南京市立圕	自订分类法	
	清华大学圕	自订分类法	西文依杜威法加以修订
	厦门圕	自订分类法	
	税务专门学校圕	王云五法	西文用国会法
	辅仁大学圕	自编分类法	西文用国会法
	福建协和大学圕	自编分类法	西文用杜威法
	广州市立中山圕	杜定友法	西文用杜威法
	燕京大学圕	裘开明法	西文用杜威法
中外统一制	山东大学圕	自订十进法	
	山东省立圕	自订分类法	
	大夏大学圕	杜定友法	
	上海基督教青年会圕	王云五法	
	上海中国国际圕	杜威法	
	上海市立圕	王云五法	
	天津市立圕	刘国钧法	略加变通
	文华公书林	杜威法	
	中华书局圕	杜定友法	

（续表）

分类制	馆　　名	所用分类法	备　　注
中外统一制	北平大学圕	杜威法	
	安徽大学圕	杜定友法	略加修正
	江苏省立教育学院圕	杜定友法	
	河北省立第一圕	刘国钧法	
	东吴大学圕	杜威法	稍加改订
	河南大学圕	杜威法	
	东陆大学圕	王云五法	
	南通学院农科圕	王云五法	
	乌山圕	杜威法	
	陕西省立第一圕	王云五法	
	焦作工学院圕	杜威法	
	湖南省立中山圕	王云五法	
	厦门大学圕	杜威法	略加变通
	集美学校圕	自订十进法	
	朝阳学院圕	王云五法	
	圣约翰大学圕	杜威法	
	沪江大学圕	杜威法	
	暨南大学圕	杜定友法	予以变通
	福建省立圕	杜定友法	略为更改
	广西大学圕	杜威法	
	广西省立第一圕	杜定友法	
	广东国民大学圕	王云五法	
	岭南大学圕	杜威法	

　　附注:本表系根据各馆概况及调查表而编,其二十三年以后,各圕分类法有变更者,本文只得暂付阙如,俟再版时,分别补入。谬误之处,尚望各圕暨阅者鉴谅而匡正之。

180

附录二　七略四部演变表

七略	汉志	四部	七志	七录	隋志	通志艺文略	四库
辑略(1)	分见各家叙录		条例九首		小序 按在部类后		
六艺(2)	六艺(1)（子目同上）	甲部一	经典志一	经典录内篇一	经部第一	经类第一	经部一（细目不录）
1.易				1.易	1.易		
2.书				2.尚书	2.书		
3.诗				3.诗	3.诗		
4.礼				4.礼	4.礼	礼类第二	
5.乐				5.乐	5.乐	乐类第三（经类）	
7.论语				7.论语	7.孝经		
8.孝经				8.孝经	8.论语		
9.小学				9.小学	9.小学（阮录内之术技中谶纬各类分入各家）	小学类第四（经类）	
6.春秋				6.春秋	6.春秋		

（续表）

七略	汉志	四部	七志	七录	隋志	通志艺文略	四库
				纪传录内篇二 1.国史 2.注历 3.旧事 4.职官 5.仪典 6.法制 7.伪史 8.杂传 9.鬼神 10.土地 11.谱状 12.簿录	史部第二 1.正史 2.古史 5.起居注 6.旧事 7.职官 8.仪注 9.刑法 4.霸史 10.杂传 （入道佛） 11.土地 12.谱系 13.簿录 3.杂史	史类第五	史部二

182

七略	汉志	四部	七志	七录	隋志	通志艺文略	四库
诸子（3）	诸子（2）	诸子（2）（子目同上）	诸子志二	子兵录内篇三	子部三	诸子类第六	子部三
1.儒				1.儒	1.儒		
2.道				2.道	2.道		
3.阴阳				3.阴阳	3.法		
4.法				4.法	4.名		
5.名				5.名	5.墨		
6.墨				6.墨	6.纵横		
7.纵横				7.纵横	7.杂		
8.杂				8.杂	8.农		
9.农				9.农	9.小说		
10.小说				10.小说	10.兵		
兵书（5）	兵书（4）（子目同上）		军书志三	11.兵			
1.兵权谋							
2.兵形势							
3.兵阴阳							
4.兵技巧							

七　略	汉　志	四　部	七　志	七　录	隋　志	通志艺文略	四　库
数术(6)	数术(5)		阴阳志五	术技录内篇五		天文类第七	
1.天文				1.天文	11.天文		
2.历谱				2.谶纬	12.历数		
3.五行				3.历算	13.五行	五行类第八	
4.蓍龟				4.五行			
5.杂占				5.卜筮			
6.形法				6.杂占			
				7.形法			
方技(7)	方技(6)		术艺志六	8.医经	14.医方	艺术类第九	
1.医经	(子目同上)			9.经方		医方类第十	
2.经方				10.杂艺		类书类第十一	
3.房中			道附见	仙道录外篇二	道经	(诸子略)	
4.神仙			佛附见	佛法录外篇一	佛经		
					附见四部末		

（续表）

七　略	汉　志	四　部	七　志	七　录	隋　志	通志艺文略	四　库
诗赋（4）	诗赋（3）	丁部四	文翰志三	文集录内篇四	集部四	文类第十二	四部四 集部四
1.屈赋 2.陆赋 3.荀赋 4.杂赋 5.歌诗				1.屈赋 2.别集 3.总集 4.杂	1.楚辞 2.别集 3.总集		
		图谱志七				图谱略 （另有）	

附注：本表系根据姚名达氏《目录学》页八五至八九。

附录三　诸家分类大纲比较表

家 标记 别	000	100	200	300	400	500	600	700	800	900
杜威原著	总类	哲学	宗教	社会科学	语言	自然科学	应用科学	美术	文学	史地
沈祖荣	经部书类	宗教哲学	社会学与教育	经济政治	医学	科学	工艺	美术	文学语文学	历史
刘国钧	总部	哲学	宗教	自然科学	应用科学	社会科学	史地	史地	语文	美术
安徽省立圕	总类	哲学	宗教	社会科学	语文	自然科学	应用科学	艺术	地理	历史
*何日章	总部	哲学	宗教	社会科学	语言	自然科学	应用科学	美术	文学	史地
皮高品	总类	哲学	宗教	社会科学	语言	自然科学	实业工艺	美术	文学	历史
洪有丰	丛	经	史地	哲学宗教	文学	社会科学	自然科学	应用科学	艺术	
裘开明	经学	哲学宗教	史地	史地	社会科学	语文	美术	自然科学	农林工艺	丛书目录
陈子彝	丛	经	史地	哲学宗教	文学	教育	社会科学	自然科学	应用科学	艺术
桂质柏	总类	经	史地	宗教哲学	文学	社会科学	自然科学	应用科学	艺术	革命文库
杜定友	总类	哲理科学	教育科学	社会科学	艺术	自然科学	应用科学	语文	文学	史地
*王云五	总类	哲学	宗教	社会科学	语言	自然科学	应用科学	美术	文学	史地
陈天鸿	通书	哲学宗教	教育	社会	语言	自然科学	工艺	美术	文学	史地

附注:表内有 * 号者,大纲与杜威原著完全相同。

186